Hannegreth Grundmann

Mit den Kleinsten Gottesdienst feiern

gemeinsam gottesdienst gestalten 16
Herausgegeben von Jochen Arnold

Mit Beiträgen von Jochen Arnold, Friedhelm Kraft,
Karl Ernst Nipkow und Dirk Schliephake

LVH

Bibliografische Information Der Deutschen Nationalbibliothek

Die Deutsche Nationalbibliothek verzeichnet diese Publikation in der Deutschen Nationalbibliografie; detaillierte bibliografische Daten sind im Internet über http://www.d-nb.de abrufbar.

© Lutherisches Verlagshaus GmbH, Hannover 2010
www.lvh.de
Alle Rechte vorbehalten
Umschlaggestaltung: Sybille Felchow, she-mediengestaltung, Hannover
nach einem Logo-Entwurf von hauptvogel + dittrich pre:print gmbh, Hildesheim
Satz: Graphic Design Liselotte Lüddecke, Hannover
Notensatz: Andreas Overdick, Göttingen
Typografie: Quay Sans
Druck und Bindung: MHD Druck und Service GmbH, Hermannsburg

ISBN 978-3-7859-1013-9

Printed in Germany

Inhalt

Geleitwort

„Schon wieder ein neuer Band mit Krabbelgottesdiensten"? Diese Frage könnte sich einem angesichts der in diesem Bereich in den letzten Jahren entstandenen Literatur aufdrängen.

Und doch – so scheint mir – ist dieses Feld bis jetzt keinesfalls umfassend bearbeitet. Gerade für die ganz kleinen Kinder bis zum Kindergartenalter von drei Jahren gibt es fast keine Veröffentlichungen. In diese Lücke stößt ein Projekt, das in der hannoverschen Landeskirche für diese Zielgruppe unter der Federführung von Pastorin Dr. Hannegreth Grundmann auf den Weg gekommen ist.

Mit ihrem (dieses Projekt dokumentierenden und weiterführenden) Entwurf kommt zum richtigen Zeitpunkt das richtige Buch – auch für unsere Reihe *gemeinsam gottesdienst gestalten*, deren letzter Band 15 sich der Liturgie des Abendmahls und damit einem Kernstück des sonntäglichen Gottesdienstes gewidmet hat. Nun ist wieder ein „besonderer Gottesdienst" dran, der „Gottesdienst mit den Kleinsten", ein Kindergottesdienst, bei dem auch Eltern beteiligt sind und mitfeiern.

Mir scheint, dass dieses Buch deshalb zum richtigen Zeitpunkt kommt, weil es das Themenjahr Taufe innerhalb der EKD (2011) eröffnet und mit dem Thema religiöser Mündigkeit der Kleinsten auch für den Gottesdienst Ernst macht. In diesem Sinn soll es ein Orientierungs- und Arbeitsbuch für die Gemeinde und für die Pfarrämter sein. Aber auch insofern kommt es zum richtigen Zeitpunkt, als hier das in den letzten Jahren besonders boomende Thema Kindertheologie eine liturgisch-homiletische „Erdung" und rituelle Konkretion bekommt.

Nach einem ausführlichen Einleitungsteil, der u.a. auch die Religionspädagogen Karl Ernst Nipkow und Friedhelm Kraft zu Wort kommen lässt, widmet sich die Autorin grundsätzlichen Fragen des gottesdienstlichen Ortes und seiner Vorbereitung und fokussiert die für sie wesentlichen Themen (meist biblischer Tradition), die für einen Gottesdienst mit den Kleinsten in Frage kommen.

Das Corpus des Buches sind 19 Gottesdienstentwürfe, die – anknüpfend an viele andere Bände in der Reihe – durch das Kirchenjahr gehen. Ein besonderes Gewicht haben dabei Gottesdienste zum Thema Schöpfung und Natur. Manche Bausteine sind auch austauschbar.

Der letzte Abschnitt beschreibt ein ganzes Kinderbibel-Wochenende, das kleinschrittig Gottesdienst und Begleitveranstaltungen schildert. Teil III bringt ebenfalls einen wichtigen gemeindepädagogischen Aspekt zum Leuchten, ohne den das Projekt „Krabbelgottesdienst" nur schwer gelingen kann: zwei Elternabende, die entwicklungspsychologische Fragen und Themen der religiösen Begleitung von Kindern im Alltag ansprechen, aber sich auch dem schweren Thema Tod (in seiner entwicklungspsychologischen und theologischen Dimension) stellen. Dazu finden Sie in diesem Teil wertvolle weiterführende Impulse.

Ich wünsche allen Leserinnen und Lesern anregende Lektüre.

Bitte schreiben Sie uns, wenn Sie weiterführende Ideen haben. Wir würden Sie gerne durch den Arbeitsbereich Kindergottesdienst im Michaeliskloster auch anderen zur Verfügung stellen.

Jochen Arnold

Einleitung

Der vorliegende Band 16 aus der Reihe *„gemeinsam gottesdienst gestalten"* entstand im Rahmen der Projektpfarrstelle „Kindertheologie als Impuls für den Gemeindeaufbau".

Die Konzeption des Projektes ergab sich aus einem Gespräch mit Professor Karl Ernst Nipkow im Oktober 2005. Es wurde mit Unterstützung der damaligen Landessuperintendentin Oda-Gebbine Holze-Stäblein und ihres Nachfolgers Dr. Detlef Klahr sowie der Superintendenten Burghard Klemenz und Gerd Bohlen im Rahmen einer halben Pfarrstelle für drei Jahre von September 2007 bis August 2010 in den Kirchenkreisen Leer und Rhauderfehn in der Evangelisch-lutherischen Landeskirche Hannovers durchgeführt. Bei den Visitationen der Gemeinden hatten sie beobachtet, dass es zwar viele Eltern-Kind-Gruppen gibt, sie aber selten in das Gemeindeleben integriert sind.

Der Kindergottesdienstbeauftragte der Evangelisch-lutherischen Landeskirche Hannovers, Pastor Dirk Schliephake, begleitete das Projekt von Anfang an, um jüngere Kindergottesdienstkinder und junge Familien in den Bereich Kindergottesdienst zu integrieren. Der Rektor des Religionspädagogischen Institutes in Loccum (rpi) Dr. Friedhelm Kraft band das Projekt im „Netzwerk Kindertheologie" ein, sodass es in den drei Jahren an der Entwicklung der Kindertheologie im europäischen Kontext teilhaben konnte. Erfahrungen aus diesem Projekt und Überlegungen dazu sind im neunten Jahrbuch für Kindertheologie veröffentlicht worden. Nachdem Anregungen aus der Theologie in die Gemeinde eingebracht wurden, sollten Erfahrungen aus der Gemeinde die theologische Diskussion innerhalb der Kindertheologie anregen. Durch Pastor Ralf Rogge, dem zuständigen Beauftragten für Elementarpädagogik am rpi, entstand eine Verbindung zu diesem Bereich, um den Ausbau von Krippenplätzen religionspädagogisch zu begleiten. Ab 2013 soll für jedes dritte Kind unter drei Jahren ein Krippenplatz bereitstehen. Dadurch ist die Nachfrage nach religionspädagogischen Angeboten für unter Dreijährige gestiegen.

Finanziell ermöglicht wurde das Projekt durch den Innovationsfonds der Evangelisch-lutherischen Landeskirche Hannovers. Dieser stellte die Hälfte der Personalkosten zur Verfügung. Der Rest konnte durch Fundraising eingeworben werden.

Die beiden Kirchenkreise und unterschiedlichste Stiftungen ermöglichten die Finanzierung. An dieser Stelle wird allen, die dieses Projekt finanziell oder durch ihren persönlichen Einsatz unterstützt haben, gedankt.

Noch bevor die Finanzierung gesichert war, fand im Juni 2007 der Generalkonvent aller Pastorinnen und Pastoren des Evangelisch-lutherischen Sprengels Ostfriesland zum EKD-Impulspapier „Kirche der Freiheit" statt. Dort konnte die Projektidee im Rahmen des in der Schrift beschriebenen „siebenten Leuchtfeuers" von der Verfasserin vorgestellt werden. Das Perspektivpapier des Rates der EKD von 2006 benennt die religiöse Unsicherheit der Eltern und spricht im „siebenten Leuchtfeuer" von „existenzieller Orientierung" und „Herzensbildung" der Kinder. Diese beiden Stränge werden aufgenommen. Es soll folgende Ziellinie verfolgt werden, die der Rat der EKD vorgeschlagen hat. Dort heißt es: „90 Prozent aller Kinder eines Jahrgangs sollten im Laufe ihrer ersten sechs Lebensjahre mit biblischen Geschichten und christlichen Symbolen, mit christlichen Festen und kirchlichen Traditionen sowie ihren modernen Vermittlungsformen in Berührung kommen."

Auf dem Generalkonvent war die damalige Landesbischöfin Dr. Margot Käßmann anwesend. Ihr lag die Arbeit mit jungen Familien und Kindern sehr am Herzen, wie auch ihr Bischofsbericht vom 16. Juni 2006 vor der Landessynode zeigte, oder ihr Vortrag auf dem von der Landeskirche veranstalteten Kongress „Im Mittelpunkt: Kinder!", der im Januar 2008 stattfand. Dort erwähnte sie in ihrer abschließenden Zusammenfassung des Kongresses dieses Projekt als eine Perspektive für die kirchliche Arbeit mit kleinen Kindern und den jungen Eltern.

Hannegreth Grundmann

I. Auf dem Weg zum Gottesdienst mit den Kleinsten

1. Mit Kindern, Jugendlichen und Eltern neu anfangen – vernetzt und in evangelischer Freiheit

Karl Ernst Nipkow

Im Sommer 2009 sind meine Frau und ich von Tübingen nach Marburg in Hessen umgezogen. In nächster Nähe ist auf einer etwas abfallenden kleinen Wiese am Haus ein Spielplatz mit Sandkasten und Spiel- bzw. Turngeräten. Ein Holztisch und drei Bänke laden Erwachsene zum Verweilen ein. Ein alter Baum überwölbt und grüne Hecken umrahmen diese Oase in einem schönen ruhigen Stadtviertel. Sommers und winters werden dort auch jeweils in zwei Gruppen vier bis sechs Kleinkinder unter drei Jahren von Tagesmüttern beaufsichtigt. Unbeschadet der unterschiedlichen Temperamente sind alle Kleinen aktive Erkunder ihrer Umgebung, allerdings jedes Kind für sich, so wie bei den Allerkleinsten zunächst auch jedes Kind für sich allein spielt.

In der Handreichung, zu der ich eine kleine Skizze einleitend beisteuern darf, soll mit den Kleinsten Gottesdienst gefeiert werden. Ich bin gespannt, welche Erfahrungen mit den „Krabbelgottesdiensten", die für Hannegreth Grundmann den Ausgangspunkt bildeten, gemacht worden sind und wie Gottesdienst definiert worden ist. Was geschah gemeinschaftlich, denn ein Gottesdienst ist auf jeden Fall eine Versammlung, die verbindet?

In der Beratung von Hannegreth Grundmann habe ich auf zwei weitere Momente hingewiesen, die von Anfang an mit zu berücksichtigen sind, zum einen die Eltern einschließlich miterziehender Tagesmütter, älterer Geschwister, Großeltern, zum anderen die Gemeinde und ihr Gottesdienst.

Zur Bedeutung der Eltern. Obwohl die Kleinsten zunächst für sich spielen, weil sie ihr Spiel noch nicht mit anderen koordinieren können, ist der kleine Mensch von Geburt an ein soziales Wesen. Jedes Kind braucht ständig verlässliche Beziehungen und sichere Bindungen. Es lässt die Hand von Mutter oder Vater dann los und wird sich in dem Maße einen sich ausweitenden Raum erobern, wie es weiß, zu ihnen jederzeit zurückkehren zu können. Verselbstständigung und Geborgenheit sind wechselseitig miteinander verschränkt.

Religion erwächst aus emotionalen Erfahrungen und Bindungen im Schoße des Elternhauses. Johann Heinrich Pestalozzi hat als einer der ersten 1801 in seiner Schrift „Wie Gertrud ihre Kinder lehrt" eine Art Theorie entwickelt, die heute voll wissenschaftlich bestätigt wird. Er war überzeugt, dass die in der fürsorgenden Beziehung zur Mutter entwickelten „Gefühle der Liebe, des Vertrauens, des Dankes, und die Fertigkeiten des Gehorsams" zuerst vorhanden sein müssen, bevor man

> „sie auf Gott anwenden kann. Ich muss Menschen lieben, ich muss Menschen trauen, ich muss Menschen danken, ich muss Menschen gehorsamen (=gehorchen), ehe ich mich dahin erheben kann, Gott zu lieben, Gott zu danken, Gott zu vertrauen und Gott zu gehorsamen: denn ‚wer seinen Bruder nicht liebt, den er sieht, wie will der seinen Vater im Himmel lieben, den er nicht sieht'?"

Mit dem letzten Satz zitiert Pestalozzi 1. Joh 4,20b.

Der Göttinger Neurobiologe Gerald Hüther sagt heute in seiner Schrift „Bedienungsanleitung für das Gehirn" (2005) genau dasselbe:

> „Das Kind entwickelt eine enge emotionale Beziehung an diese Mutter (oder eine andere primäre Bezugsperson) und übernimmt im weiteren Verlauf seiner Entwicklung nicht nur all diejenigen Fähigkeiten und Fertigkeiten, Vorstellungen und Haltungen von ihr, die ihm zur eigenen Lebensbewältigung wichtig erscheinen. Es weitet auch seine emotionale Bindung auf all diejenigen Personen aus, die dieser Mutter wichtig sind, mit denen sie emotional verbunden ist und in deren Gegenwart das Kind sich ebenfalls sicher und geborgen fühlt. Das ist normalerweise zunächst der Vater, später kommen Großeltern, Verwandte und andere, den Eltern nahestehende Personen hinzu" (S. 73f.).

Ich ergänze: Und es kommt Gott hinzu, wenn die Eltern spürbar und sichtbar in einer Gottesbeziehung leben. Lerntheoretisch gesprochen erkennt Pestalozzi das *Bedeutungslernen über Personen.*

„Wer der Mutter lieb ist, der ist ihm auch lieb ..., wen die Mutter küsst, den küsst es auch". Nie lernen Kinder nur einen Lerninhalt als solchen, sondern zugleich, was er den Lehrenden bedeutet.

Frühe Anfänge sind mithin überaus wichtig, allerdings wirken sie nur dann *nachhaltig,* wenn im Falle der *Anbahnung* von Religion und Glauben – man kann den Gottesglauben und den Glauben an Jesus Christus nicht direkt erzeugen – die Eltern in einer gewissen Kontinuität mit dem Kind von Gott sprechen, mit ihm beten und insbesondere die eigene Beziehung zu Gott zu erkennen geben. Da es in dieser Handreichung darüber hinaus mit vollem Recht um das Feiern von Gottesdienst geht, heißt das, mit dem Kind zusammen Gottesdienst feiern. Neurowissenschaftlich formuliert: Die in der Kindheit gebahnten emotionalen Geleise müssen im Gehirn weiter genutzt werden. Zweierlei wirkt dem entgegen.

Wer in den Zerstreuungen unserer Gesellschaft viele Menschen kennenlernt, die aber nur wenig Sicherheit und Geborgenheit bieten, bildet nur flache Wurzeln aus (nach Hüther sog. „Flachwurzler"). Wer Gelegenheit zu wenigen, aber engen, sicheren und festen Beziehungen erhält, wird sich vermutlich auch in seiner religiösen Lebensspur fester gründen, ohne umgekehrt ein problematischer „Pfahlwurzler" zu werden, der einer geschlossenen religiösen Prägung so verhaftet bleibt, dass er sich nicht frei entfalten kann (Hüther, S. 74f.).

Wer Krabbelgottesdienste und auch später Kindergottesdienste und Gottesdienste in der Konfirmandenzeit immer nur ohne die eigenen Eltern kennenlernt, macht zwei *gegenläufige Erfahrungen*, bei denen die starken positiven Gefühle für den familiären Zusammenhang und die in ihm erlebte Geborgenheit (falls dies der Fall war) ein inneres Übergewicht behalten. Auch trotz des notwendigen, oft heftigen Ablöseverhaltens in der nachfolgenden Pubertät und im jungen Erwachsenenalter bleiben die Eltern weiterhin das wirksamere natürliche Vorbild mit einer vergleichsweise überzeugenderen Autorität. Auch in nicht-religiösen Elternhäusern können im Übrigen starke tragfähige humane Sinnerfahrungen gemacht und handlungsrelevant werden, wie z. B. in Gestalt eines gewachsenen sozialen und therapeutischen Engagements für andere Menschen, eines lebenslangen ökologischen Einsatzes für die Bewahrung unserer natürlichen Lebensbedingungen oder einer unbedingten politischen Verantwortung für Versöhnung und Frieden.

Auf der anderen Seite gehört nach allen menschheitsgeschichtlichen Beobachtungen zum Menschsein die *Disposition zur Erfahrung von Transzendenz*. Für Friedrich Schleiermacher war dies selbstverständlich der Fall, wenn er in seinen „Reden über die Religion" von 1799 in einer nicht weiter erklärungsbedürftigen Weise bemerkt: *„Der Mensch wird mit der religiösen Anlage geboren wie mit jeder andern"* (Dritte Rede). Mit „Anlage" ist keine besondere Veranlagung gemeint, sondern ein Merkmal der Verfassung des Menschen als Gattung, als Mensch, ein Moment der conditio humana. Analog geht es bei dem Terminus „Transzendenz" noch nicht um eine spezifische historische Religion, sondern um eine Voraussetzung, die den eigentümlichen historischen Ausformungen von Religion wie dem Judentum, Christentum, Islam, Hinduismus, Buddhismus usw. vorgegeben ist. Was gemeint ist, kann folgender Unterschied verdeutlichen: Keiner wird als Jude, Christ oder Muslim geboren; diese historisch gewordenen spezifischen Religionen müssen entdeckt und zu ihnen muss hingeführt werden, während der Sinn für Transzendenz eine unspezifische offene Möglichkeit ist.

Die Kinder zeigen auch in modernen Untersuchungen eine „spirituelle Sensibilität", die besonders dann eng mit der Erfahrung von Transzendenz verbunden zu sein scheint, wenn die Wahrnehmungen der Kinder an eine Grenze stoßen und sie an dieser Grenze ein „Geheimnis" spüren. Um das einfachste und tiefste Geheimnis von allen zu nennen: Warum ist überhaupt etwas und nicht eher nichts? Dem Kind erscheint manches als Wunder; aus dem Sich-Wundern kann eine staunende Ehrfurcht erwachsen, und sie ist ein möglicher, nicht zwingender Resonanzboden für die Vermittlung des christlichen Glaubens. In dieser Hinsicht ist die Erwartung berechtigt, dass Kinder früheste atmosphärische Eindrücke im Innern bewahren. Ferner gibt es ermutigende und nachdenklich stimmende empirische Daten von Konfirmanden.

Zur Bedeutung von Gottesdienst und Gemeinde. In einer repräsentativen Untersuchung eines Tübinger Forscherteams zur Konfirmandenarbeit unter Leitung von Friedrich Schweitzer (Konfirmandenarbeit in Deutschland, 2009) bekunden die zu Anfang und Ende dieser Zeit Befragten zu 87 % bzw. 88 %: „Falls ich später einmal Kinder habe, will ich sie taufen lassen" (S. 126). Aber: Nur für sehr viel weniger ist es am Ende der Konfirmandenzeit „wichtig", „zur Kirche zu gehören" (47 %), und im Unterschied zum Anfang des Konfirmandenunterrichts (49 %) hat das Urteil über unsere Gottesdienste („meistens langweilig") beim zweiten Befragungszeitpunkt zugenommen (54 %) (ebd.). Mit Kindern zusammen kind- und jugendgemäß Gottesdienst zu feiern, ist unerlässlich, möglichst immer wieder auch im normalen Gemeindegottesdienst, nicht nur in gruppenspezifischen; denn am wichtigsten ist auf der Beziehungsebene die generationsverbindende Gemeinschaftserfahrung.

Dies kann ein unvergessliches Ereignis werden wie am 21. März 2010 in der Dortmunder St. Marienkirche mit einer ungewöhnlich großen

Schar begeistert mitwirkender Kinder und Jugendlicher und freudig mitmachenden Eltern und anderen Gemeindegliedern unter der Leitung von Kerstin Othmer-Haake. Im Vordergrund vor dem Altarbereich bewegten sich je für sich zwei sehr kleine Jungen; einer turnte an einem Geländer. Noch jüngere Kleinstkinder saßen auf dem Schoß ihrer Eltern oder Großeltern. Beim Gemeindeaufbau mit Kindern sind Großeltern einzubeziehen!

Atmosphärisches Erleben (siehe oben) und Gemeinschaftserfahrung allein genommen überschätzen jedoch diese Dimensionen und unterschätzen zugleich die *inhaltsbezogenen* theologischen Aufgaben. Gott ist in der Kindheit „ein Gemeinschaftsereignis, eine Gefühlserfahrung, eine sprachliche Entdeckung, eine Gewissensfrage und eine gedankliche Herausforderung", wie ich es in meinem Büchlein „Erwachsenwerden ohne Gott?" vor 25 Jahren (5. Aufl. 1992) durchbuchstabiert habe. Sehr früh möchten heute Heranwachsende auch gedanklich in der christlichen Religion Klarheit gewinnen. Ihre „kindertheologischen" Erkundungen, Einfälle, Überlegungen und eigenständigen Antworten auf Fragen und Zweifel sind im Jugendalter weitgehend nicht mehr tragfähig. Selbst während der Konfirmandenzeit im Alter von 13 und 14 brechen noch nicht die gravierenden radikalen Zweifel auf. „Mit Kindern neu anfangen" – der Untertitel zu einem inspirierenden Buch zum Thema „Taufverantwortung wahrnehmen" (H.-M. Lübking 2010) – sollte gleichzeitig einschließen „mit Jugendlichen und jungen Erwachsenen neu anfangen", ja, in jeder Lebensphase neu anfangen, d.h. besonders die Arbeit mit Eltern kreativ und intensiv zu verstärken. Dies alles müsste auch die „ungetauften Kinder, Jugendlichen und Erwachsenen" einschließen, wie Franz-Peter Tebartz-van Elst, katholischer Bischof von Limburg, betont (W. Kasper/A. Biesinger/A. Kothgasser, Weil Sakramente Zukunft haben, 2008).

Ich bin einerseits von einer Gewissheit bestimmt: „Zu Gott steht in jeder Lebensphase der Weg offen" (Erwachsenwerden ohne Gott? 16). Andererseits bereitet ein anderer Umstand Sorgen. Entscheidungsunsicherheit hinsichtlich der Zukunft der Kirche wächst wegen der schwindenden Sachgewissheit, der Unsicherheit in der Sache selbst, die Aspekte hat, die nicht durch strategische Programme und organisatorische Veränderungen behoben werden können. Wieweit beruht der Glaubensschwund auf substanziellen Verlegenheiten in der Interpretation der dogmatischen Tradition? Aufklärende Unterscheidungen und neue Ausle-

gungen könnten unnötige Blockaden überwinden. „Gott in Bedrängnis?",
so der Obertitel einer neuen eigenen Veröffentlichung (2010). Nein.
Aber unser Gottesglaube ist es, und wir scheuen in der Sache des Glaubens sprachliche Klarheit und inhaltliche Aufrichtigkeit. Wieweit hemmen
ferner konfessionelle Sicherungsbedürfnisse? Wo spielen religionspäda-
gogische Irrtümer mit?

Bei einem Gespräch mit evangelischen und katholischen Bischöfen in
Kassel 1996 entgegnete mir der katholische Schulbischof Manfred Müller
als Korreferent, er wolle im katholischen Religionsunterricht in der Grundschule kein evangelisches Kind sehen, da es durchgehend (vier Jahre lang?)
um Sakramentenerziehung (Erstkommunion) gehe.

Anzunehmen, bei Kindern in unserer Welt durch eine möglichst frühe
und noch dazu (konfessionell) geschlossene Erziehung deren Glauben
ein für alle Mal begründen und lebenslang sichern zu können, geht auf
der Ebene der Lebenslaufforschung in Unkenntnis der späteren Lebens-
lagen und Lebenswelten fehl und scheut in zeitanalytischer Hinsicht
eine plurale offene Gesellschaft. Darum: mit Kindern, Jugendlichen und
Eltern neu anfangen – vernetzt und in evangelischer Freiheit.

2. Kindertheologie – ein didaktisches Leitbild auch außerhalb der Schule

Friedhelm Kraft

Wie lässt sich heute angesichts des vielfach beklagten Traditionsbruches die Weitergabe religiösen Wissens mit den Fragen der Kinder verbinden? Welche Bedeutung haben Kinderfragen für das theologische Nachdenken von Erwachsenen? Wie lassen sich religiöse Lernprozesse beschreiben, in denen die Fragen der Kinder im Mittelpunkt stehen?

Unter den programmatischen Überschriften „Kindertheologie" bzw. „Theologisieren mit Kindern" hat sich in den letzten Jahren ein neues didaktisches Leitbild in der religionspädagogischen Arbeit mit Kindern etabliert, das auf die gestellten Fragen antworten will.

Was ist unter Kindertheologie zu verstehen?

Der Schweizer Religionspädagoge Anton Bucher war der erste, der den Begriff der Kindertheologie in die katholische Religionspädagogik eingetragen hat und demzufolge von Kindern als „Theologen" sprechen konnte. Wenn wir heute von Kindertheologie sprechen, ist damit gemeint, die theologischen Denkleistungen von Kindern wahrzunehmen und zu würdigen. Kinder haben eine eigenständige und ernsthafte Theologie, die sich zwar von einer „Erwachsenentheologie" unterscheidet, aber gleichwertig und gleich wichtig ist. Wenn Kinder als Produzenten von Theologie betrachtet werden, ist eine spezielle Form von Laien- bzw. Gemeindetheologie gemeint. Kinder sind Theologen, da sie in einem sehr frühen Alter fähig sind, Bilder des Glaubens zu zeichnen und theologische Einsichten zu formulieren.

In der aktuellen Debatte wird oftmals die Mehrdeutigkeit des Begriffs Kindertheologie angesprochen. Daher ist es hilfreich zwischen einer Theologie von Kindern, Theologisieren mit Kindern und einer Theologie für Kinder zu unterscheiden.

Perspektivenwechsel: von den Kindern her denken lernen

Kindertheologie bzw. Theologisieren mit Kindern nimmt Impulse auf, die in der Religionspädagogik in Aufnahme der Forderung der Synode der EKD im Jahre 1994 „von den Kindern her zu denken" und „die eigene Sicht der Kinder von Leben und Welt" neu zu würdigen unter dem Stichwort „Perspektivenwechsel" diskutiert werden. Gleichzeitig ist das Bild des Kindes in der neueren Entwicklungspsychologie und sozialwissenschaftlichen Kindheitsforschung für das Projekt einer „Kindertheologie" bestimmend. In dem Maße, wie Kinder als Subjekte und Akteure in ihrer Lebenswelt betrachtet werden, wird auch hier ein „Perspektivenwechsel" deutlich. Kindheit wird aus der Blickrichtung der Kinder auf ihre Welt mit ihren Bedeutungen erforscht, zugleich werden Kinder als Konstrukteure ihrer Wirklichkeit, das Kind als aktiv konstruierendes Subjekt wahrgenommen. In religionspädagogischer Perspektive sind daher empirische Untersuchungen von großer Bedeutung, in denen die Denkweisen der Kinder ermittelt werden. Insofern ist das Leitbild „Kinder als Theologen" abgeleitet aus empirischen Untersuchungen zur Theodizee, zum Gottes- und Weltbild, zur Himmelssymbolik, zur Weltbildentwicklung und zum Schöpfungsverständnis, zum Glauben und zur Christologie von Kindern.

Kindertheologie und Kinderphilosophie

Kindertheologie steht in einem direkten Zusammenhang mit der Bewegung Philosophieren mit Kindern, die sich infolge von Anstößen aus dem angelsächsischen Raum seit den 90er Jahren auch in Deutschland etabliert hat und die didaktische Konzeption des Ethikunterrichts insbesondere in der Grundschule bestimmt. So wie in der Kindertheologie die Eigenständigkeit theologischer Denkleistungen von Kindern gewürdigt wird, hebt auch die Kinderphilosophie die Bedeutung philosophischer Einsichten von Kindern hervor und attestiert ihnen eine eigenständige philosophische Kompetenz. Kinderphilosophie und Kindertheologie treffen sich in dem gemeinsamen Anliegen, Kinder in ihrer Fähigkeit zum Staunen und zum Fragen zu fördern und zu begleiten.

Was heißt religiöses Lernen?

In der Orientierung am Kind als Subjekt des Lernens, der Ermöglichung selbst gesteuerter Lernprozesse und dem Ernstnehmen der Kinder als „Theologen", die ihre religiösen Weltsichten konstruieren und explizieren, betont der religionsdidaktische Ansatz der Kindertheologie die Bedeutung von Aneignungsprozessen im Rahmen unterrichtlicher Lernvollzüge.

Damit bildet der Prozess der „Aneignung" den entscheidenden Ziel-horizont des Verständnisses von Lernen. Dies geschieht, ohne die „vermittelnde" Seite, die Aufbereitung einer sach- und altersgemäßen Begegnung mit theologischen Inhalten zu negieren. Eher ist das Gegen-teil richtig, da theologische bzw. biblische Inhalte im Rahmen der Kinder-theologie von zentraler Bedeutung sind. Insofern führt Theologisieren mit Kindern in Aufnahme der Perspektive der Kinder zu einem neuen Umgang mit zentralen Fragen und Themen des christlichen Glaubens. Die Frage nach dem theologisch „Richtigen" wird hierbei abgelöst zu-gunsten einer Vielzahl möglicher „Theologien" der Kinder, die die Kinder in der Auseinandersetzung und Begegnung mit vorrangig biblischen Inhalten entwickeln. Sie erhalten damit die Möglichkeit, ihren Glauben zu formulieren, zu bedenken und mit den Glaubensvorstellungen ande-rer Kinder ins Gespräch zu bringen.

Das theologische Gespräch suchen

Kindertheologie versteht sich als ein religionsdidaktischer Ansatz, der in Anknüpfung an die „großen Fragen" der Kinder eine aus der Praxis abgeleitete „Religionspädagogik der Frage" entwickelt hat und in dem buchstäblich die konkreten Fragen der Kinder den Ausgangspunkt der didaktischen Reflexionen und unterrichtlichen Konkretionen bilden. Da-bei ist in besonderer Weise der Blick auf die Bedeutung und Notwen-digkeit der Weiterentwicklung der Gesprächsführung in der Arbeit mit Kindern zu richten. Grundlegend für theologische Gespräche ist die in Anknüpfung an Heinz von Foerster zu treffende Unterscheidung zwi-schen „entscheidbaren und nicht entscheidbaren Fragen". Entscheidbare Fragen rufen nach eindeutigen Antworten, man kann sich bei deren Beantwortung auf allgemeingültige Regeln verlassen bzw. diese anwen-den. Auch unentscheidbare Fragen lassen sich beantworten. Dazu gehö-ren die „großen Fragen" des Glaubens. Allerdings sind diese Antworten durch „die Freiheit unserer Wahl" bestimmt. Es geht also um Antworten, die jedes einzelne Kind in seinem Subjektsein verantworten muss. Daher ist es Aufgabe theologischer Gespräche, Kinder in ihrer Antwortsuche zu unterstützen und sie zu Antworten zu ermutigen, die zu tragfähigen Deutungen des eigenen Lebens und der Welt führen.

Kinder brauchen auf ihrem Weg des Glaubens begleitende Experten/innen, die ihnen nicht ihre Antworten „vermitteln" wollen, sondern die weiterführende Deutungsangebote, vorrangig aus der biblischen Tradition, ins Spiel bzw. ins Gespräch bringen.

Wie kann Theologisieren mit Kindern gelingen?

Theologisieren mit Kindern setzt voraus, dass die theologischen Experten/innen ihr Verhältnis zu ihrem eigenen Kinderglauben soweit geklärt haben, dass sie für kindliche Vorstellungen und Argumente offen sind. Mit anderen Worten: Die biografische Auseinandersetzung mit der eigenen Religiosität ist eine der Grundvoraussetzungen für das Theologisieren mit Kindern. Weiterhin ist deutlich geworden, dass Kindertheologie eine bestimmte Haltung seitens der Erwachsenen voraussetzt. Es ist eine Haltung der Neugier, des Wissenwollens und der sorgsamen Wahrnehmung der religiösen Vorstellungen und Begriffe, die Kinder als Subjekte ihres eigenständigen religiösen Nachdenkens hervorbringen. Eine der Hauptaufgaben kindertheologischer Forschung wird daher sein, möglichst viel empirisches Material darüber zu gewinnen, wie Kinder unterschiedlichen Alters und unterschiedlicher Voraussetzungen mit theologischen Fragen und Begriffen umgehen. Zugleich gilt es, ihre Verstehenswege biblischer Geschichten, ihre „Auslegungen" wahrzunehmen und zu verstehen. Dies ist als Aufgabe religionspädagogischer Forschung zu verstehen, gehört aber auch zum Selbstverständnis von begleitenden Experten/innen, die Lernanlässe als „Quasi-Experiment" arrangieren. Anders formuliert: Es geht darum, (Lern-)Situationen zu inszenieren, in denen die Denkwege und Denkweisen von Kindern zum Vorschein kommen können.

3. Gottesdienste mit den Kleinsten als liturgische Herausforderung und theologische Chance

Jochen Arnold

Für viele Gemeindeglieder, aber auch für viele Pastorinnen und Pastoren stellt sich im Zusammenhang der Feier des Gottesdienstes mit den Kleinsten die Frage, ob das denn überhaupt ein „richtiger Gottesdienst" sei. Diesen Einwand nehmen wir auf und lassen uns herausfordern, noch etwas grundsätzlicher zu fragen: Wann ist ein Gottesdienst ein Gottesdienst? Gibt es unverzichtbare Stücke, in welcher Form sollen sie vorkommen? In einem zweiten Schritt versuchen wir, im Gottesdienst mit den Kleinsten das Wesen des christlichen Gottesdienstes zu entdecken, ehe am Ende – den Beitrag von Friedhelm Kraft weiterführend – über den Zusammenhang von Theologie und Gottesdienst nachgedacht wird.

Ist das denn ein „richtiger" Gottesdienst?

Eine erste Anfrage liegt auf der Hand: Ist ein Gottesdienst, der womöglich nur in wenigen Passagen oder in seiner Atmosphäre von den Feiernden, also von den kleinen Kindern, *verstanden* wird, ein „richtiger Gottesdienst"? Abgesehen davon, dass mit dieser Frage eine kognitive Engführung verbunden ist, wird man, wenn man den hier vorgestellten Entwürfen folgt, schnell merken, dass viele Elemente mit Zweijährigen gut nachvollziehbar sind; ja dass sie beim Singen und Beten, bei den einfachen Bewegungen und elementaren Geschichten immer wieder mit Leib und Seele ganzheitlich einbezogen sind. Selbst wenn sie vielleicht manches nicht im engeren Sinne „verstehen", können sie doch die wesentlichen Schritte der Liturgie *erleben*. Sie lernen dabei – zunächst oft unbewusst – Symbole, Sprach- und Lebensformen des Glaubens kennen (z.B. Kerzen, Vaterunser, Segen usw.) und wachsen gleichsam „in den Gottesdienst hinein". Davon ausgehend, dass die meisten Kinder getauft sind, nehmen wir sie damit als Christen ernst. Falls sie (noch) nicht getauft sind, ist der Gottesdienst eine Einladung, auf die Taufe zuzugehen.

Die zweite Anfrage richtet sich auf die *Feiergestalt des Gottesdienstes* mit den Kleinsten, der ja in aller Regel ohne Abendmahl und ohne eine klassische Predigt gefeiert wird. Wir orientieren uns dabei prinzipiell an der agendarischen Grundform II mit den Strukturteilen A (Eröffnung und Anrufung), B (Verkündigung und Bekenntnis) und D (Sendung und Segen). Ist ein Gottesdienst ohne Abendmahlsfeier ein Gottesdienst? Diese Frage ist spätestens seit der Einführung des Evangelischen Gottesdienstbuches (1999) eigentlich nicht mehr brisant, da der Gottesdienst mit Abendmahl und der Predigtgottesdienst als zwei gleichwertige Formen nebeneinander stehen. Auch im Predigtgottesdienst ist das Evangelium ganz da, nur in einer anderen Gestalt. (An dieser Stelle sei ausdrücklich gesagt, dass wir das Abendmahl mit Kindern befürworten. Es sollte bereits im Kindergottesdienst frühzeitig gefeiert werden.) Und wie ist das, wenn es auch keine „klassische" Predigt gibt?

Diese Frage gilt im Grunde für alle Kindergottesdienste und auch für viele sog. Familiengottesdienste: Anstelle von Lesung und Predigt wird hier – gleichsam beides miteinander verbindend – eine biblische Geschichte auslegend und aneignend erzählt. Wir behaupten: Selbst wenn keine traditionelle Predigt stattfindet, geschieht hier Verkündigung des biblischen Wortes als Zuspruch, Ermutigung und Orientierung. Also kein Grund, die hier fehlende Predigt zu bemängeln.

Ein dritte Anfrage richtet sich auf die Personen, die den Gottesdienst leiten: Muss ein „richtiger Gottesdienst" nicht von einer Ordinierten oder von einem Ordinierten oder wenigstens einer Lektorin/einem Prädikanten geleitet werden? Hier hat in den letzten Jahren eine erhebliche Bewegung innerhalb unserer evangelischen Kirche eingesetzt, die man als reformatorische Rückbesinnung deuten kann. In ihr kommt das Priestertum aller Getauften zur Geltung. Das Monopol der Theologen wurde aufgebrochen und das Ehrenamt aufgewertet, nicht zuletzt deshalb, weil deutlich wurde, dass das Amt der Verkündigung nicht nur Sache des Pfarramts, sondern eines jeden Christen ist (vgl. Art. 5 „Vom Predigtamt" der Augsburger Konfession). Endlich scheint Luthers berühmter Satz sich durchzusetzen, wonach das, „was aus der Taufe gekrochen ist, würdig ist Priester, Bischof oder Papst zu heißen."

Dennoch gilt: Wer einen Gottesdienst leitet, soll *ordentlich beauftragt und angemessen vorbereitet werden*. Dazu gibt es (ausgehend von den Arbeitsstellen für Kindergottesdienst) in einigen Landeskirchen sogar einen Nachweis, die sog. „Qualicard". Im Übrigen ist zu sagen, dass eine

„ordentliche" Beauftragung und Einführung der Mitarbeitenden durch die jeweilige Kirchengemeinde die Regel ist. Der Gottesdienst mit den Kleinsten ist nämlich (wie jeder Gottesdienst) eine öffentliche Veranstaltung und findet deshalb auch nicht im Wohnzimmer einzelner Eltern, sondern in der Kirche oder wenigstens im Gemeindehaus statt.

Gottesdienst mit den Kleinsten trifft das Wesen des christlichen Gottesdienstes

Versuchen wir die Anfragen nun auch positiv zu wenden. *Inwiefern birgt der Gottesdienst mit den Kleinsten das in sich, was ein Gottesdienst seinem Wesen nach ist?*

Martin Luther hat dazu – eine vielfach zitierte – Formel geprägt, als er bei der Einweihung der Torgauer Schlosskirche (1544) sagte, dass in dieser Kirche nichts anderes geschehen möge, als dass „unser lieber Herr mit uns rede durch sein heiliges Wort und wiederum wir mit ihm in Gebet und Lobgesang".

Damit ist gemeint: Der Gottesdienst ist etwas Lebendiges, etwas Klingendes, etwas Dialogisches. Kein Monolog geschieht da, sondern ein Gespräch von Partnern, die einander lieb haben. Zugleich ist das aber auch ein unerhörtes Geheimnis, das kaum in Worte zu fassen ist: Gottes heiliges (!) Wort geschieht, Gott selbst redet zu uns, und wir dürfen dabei sein, können darauf hören. Aber daneben gilt auch – und das ist ebenso großartig: Gott hört uns zu. Er verschließt seine Ohren und sein Herz nicht vor uns und unseren Kindern. Er schickt sie nicht weg, wie wir an der Kindersegnung Jesu (Mk 10,14) ablesen können, sondern freut sich an dem Gebrabbel und den zarten Stimmen der Kleinsten (vgl. Psalm 8,3). Ja, mehr noch: Was sie tun, gereicht ihm zur Ehre! Wie ein Bollwerk umgibt Gott das Lob der Kinder.

Luthers Formel ist eine sehr offene Beschreibung, die im Blick auf die Formen einigen Spielraum ermöglicht. Dennoch lässt sich sagen: Ein Gottesdienst ist dann ein Gottesdienst, wenn das biblische Wort für heutige Menschen – Große und Kleine – ganzheitlich und relevant weitergegeben, wenn gemeinsam gebetet und Gottes Lob gesungen wird.

Versuchen wir dies nun nochmals an Beispielen durchzugehen:

Am Anfang steht auch im Gottesdienst mit den Kleinsten eine Form des sogenannten Votums *„Im Namen des Vaters und des Sohnes und* *des Heiligen Geistes"*. Es erinnert uns an die Taufe und verspricht, dass Gott selbst jetzt da ist, dass er selbst der Gastgeber ist. Dieser „Eingangssegen" ist die Basis, auf der alles Weitere sich entfaltet. Das kann mit einem Willkommenslied geschehen, in dem die Gastfreundlichkeit Gottes und seiner Gemeinde zum Klingen kommt, bei dem aber auch Gott gelobt wird.

Das Erzählen biblischer Geschichten erfordert von den Mitarbeitenden hohe Kompetenz: Es geht darum, Spannung zu erzeugen und den biblischen Text mit knappen Strichen, ggf. auch mit treffenden Ausschmückungen zu entfalten. Geschichten (aber auch nur einzelne Verse, vgl. Ps 23,1 o.ä.) der Bibel zu erzählen, ist also weit mehr als ein Ablesen, es ist vergegenwärtigtes, transformiertes und angeeignetes Glaubenszeugnis.

Die Musik kann sehr viel „transportieren", sie ist ein sinnliches, klingendes Ereignis in der Zeit: Sie vermittelt Gottes Einladung und seinen Segen ebenso, wie sie auch Gott bitten und loben kann. Wenn wir das mit den Kindern zusammen tun, spüren wir schnell, dass es stimmt, was Augustin gesagt hat: „Wer singt, betet doppelt". Es gilt aber auch das Andere: „Wer singt, verkündigt doppelt".

Wenn Kinder in ganz einfachen knappen Worten das Beten einüben, dann geschieht etwas Großartiges. Wenn sie zum ersten Mal „Amen" oder „lieber Gott" sagen, dann beten sie ähnlich, wie Jesus es getan hat, als er Gott mit „Abba" (Papa) angerufen hat (vgl. Mt 6,9; Röm 8,15). Am Gebet der Kinder zeigt sich etwas, was wir oft verlernt haben: Es ist eine Sprache des Herzens, nicht (nur) des Kopfes. Gebete der Kinder sind oft viel echter als die häufig gedrechselte Gebetssprache unserer Agenden.

Gehen wir noch einen Schritt weiter: Die einfachen Geschichten, Lieder und Gebete transportieren das Wesentliche des christlichen Gottesdienstes und damit auch einen zentralen Aspekt des Wesens Gottes: Gott ist kein ferner, zugeknöpfter, strenger Herr, sondern ein liebevolles, warmherziges (=barmherziges) Gegenüber, das Vater und Mutter für uns ist. In diesem Sinn kommt Gottes Menschenfreundlichkeit, die in Jesus Christus ein Gesicht und einen Namen bekommen hat, schon in der Feier mit den Kleinsten bestens zur Geltung.

Wir können noch mehr sagen: Im Gottesdienst der Kleinsten geschieht in einem ganz elementaren Sinne Theologie, Rede von Gott her und zu ihm hin. Die Keimzelle und Kraftquelle von Theologie ist nämlich nicht der Schreibtisch der Gelehrten oder der Hörsaal der Universitäten, sondern der christliche Gottesdienst. Theologie ist in ihrer ursprünglichen

Form nicht ein „Reden über Gott", sondern ein *lebendiger Dialog mit Gott*. So wie die Kunst der Kunstgeschichte und die Sprache der Grammatik, die Musik der Musikwissenschaft vorausgeht, so geht der Gottesdienst der Theologie voraus und inspiriert sie immer wieder neu, sich auf diese lebendige Quelle einzulassen.

4. Spielende Liturgie

Dirk Schliephake

Kinder spielen. Von Anfang an. Sie spielen schon im Bauch der Mutter. Spielen ist nicht nur für das aktuelle Erleben der Kinder immens wichtig, sondern für die Entwicklung ihrer ganzen Persönlichkeit. Spielen ist die einzige Aktivitätsform, die Kinder freiwillig und von sich aus immer wieder gerne suchen. Spielen eröffnet Kindern einen weiten Freiraum für das Ausprobieren und Üben unterschiedlichster Verhaltensweisen und Handlungen. Im Spiel gestalten Kinder aktiv und konstruktiv ihre Beziehung zur Wirklichkeit.

Kinder sind im Spiel ganz da, ganz präsent. Sie entdecken sich, andere Menschen und die Welt neugierig und kreativ und lernen „spielend" alle wesentlichen Kompetenzen für das Leben: u. a. gewinnen und verlieren können (Frustrationstoleranz), teilen und solidarisch sein (Barmherzigkeit), zielgerichtet handeln und gestalten (Verantwortung).

Diese Erkenntnisse der Entwicklungs- und Spielpsychologie finden sich bereits in biblischen Erzählungen von Kindern. Mehr noch, spielende Kinder werden in der Bibel als das „Modell des Menschseins vor Gott" gesehen.

Ihre Gegenwart im Spiel, die sich oft nur schwer unterbrechen lässt, dieses „ganz bei der Sache sein" ist das Modell für Menschen, wie Gott sie haben möchte:

Menschen, die ganz in der Gegenwart leben, im Hier und Jetzt, ohne Angst vor der Zukunft und ohne an die Erinnerungen und Verletzungen der Vergangenheit gebunden zu sein.

Seht die Blumen auf dem Feld... Seht die Kinder an. Sie leben in der Gewissheit, dass einer für sie sorgt und ihnen alles, was sie zum Leben brauchen, schenkt.

Kinder sind neugierig. Sie stellen bald viele Fragen. Sie sind offen für neue Lebenskonzepte und ungekrabbelte, ungelaufene und unbespielte Wege.

So wünscht sich Gott seine Menschen: mutig und neugierig für neue Erfahrungen, vertraute Wege verlassend und dabei mit Gottes Begleitung rechnend.

Und Kinder wachsen. Sichtbar und unsichtbar. Jeden Tag bilden sich in einer kreativen und anregenden Spielumgebung neue Synapsenverbindungen im zentralen Nervensystem. Erfahrungsrationen für das ganze Leben.

Solche „at play learning"-Menschen wünscht sich Gott. Menschen, die im Glauben täglich lebenslang wachsen, in der lebendigen Beziehung zu Gott und anderen Menschen.

Die Bibel erzählt: **Gott spielt auch: Suchen und Finden.**
Gott sucht seine Menschen, er läuft ihnen nach, um ihnen nahe zu sein und fragt uns: „Mensch, wo bist du?". Und umgekehrt: Gott will sich immer wieder finden lassen. David gibt seinem Sohn Salomo darum folgenden Tipp:

„Wenn du Gott suchst, so wird er sich von dir finden lassen."
1. Chronik 28,9
Gott ist oft verborgen und versteckt und möchte entdeckt werden.
„Suche Gott, solange er zu finden ist." Jesaja 55,6
Gott möchte mitspielen und Spielpartner von Kindern und Erwachsenen sein. Das gelingt in schönen Gottesdiensten.
Wo Kinder und Erwachsene, Junge und Alte eingeladen sind, mit Gott ins Spiel zu kommen.
Und diese spielenden Begegnungen mit Gott machen stark.
Doch wie kann so eine spielende Gottesbegegnung, so ein **fröhliches Wechselspiel** zwischen Kindern, Erwachsenen und Gott im Gottesdienst gelingen?
Suchen und finden, gesucht und gefunden werden, rufen und antworten?
Wie wird die Liturgie eines Gottesdienstes mit den Kleinsten zur spielenden Liturgie?

Zwölf Ermutigungen für eine spielende Liturgie

1. Eine spielende Liturgie beteiligt Kinder und Erwachsene mit allen Körpersinnen.
Gott will mit uns spielen. Nicht nur mit unseren Gedanken, sondern mit uns als ganzen Menschen mit allen fünf Sinnen. Gott kam als Mensch uns Menschen nahe als neugeborenes Kind in der Krippe im Stall und im Menschen Jesus Christus.

Gottesdienste mit den Kleinsten beziehen darum möglichst alle Sinne mit ein: hören, sehen, riechen, schmecken und fühlen.
Zuschauer und Zuschauerinnen gibt es dort nicht. Alle sind beteiligt und spielen mit.

2. Eine spielende Liturgie nimmt Kinder und Erwachsene hinein in einen Rhythmus von Ruhe und Bewegung.
In Gottesdiensten mit den Kleinsten ist es nicht immer still, aber auch nicht permanent laut. Ein guter, klar erlebbarer Wechsel zwischen Ruhe und Bewegung entspricht den Bedürfnissen von Kindern und Erwachsenen. So kann nach einem stillen Hören auf die Glocken und einem staunenden Betrachten der brennenden Kerze ein Begrüßungslied mit viel Bewegung und Tanz folgen. Mit der Zeit spüren alle: Dieser Rhythmus von Ruhe und Bewegung tut gut.

3. Eine spielende Liturgie weckt Freude, mit ganzem Körpereinsatz Gott zu loben.
Was im Fußballstadion gelingt, hat auch seinen Ort in Gottesdiensten mit den Kleinsten. Die jubelnde Freude, das begeisternde Klatschen, die tanzenden Arme und Beine. Kinder brauchen diese ganzkörperlichen Erfahrungen, um sich selbst besser wahrzunehmen und in Kirche und Gottesdienst zu erleben: Bei Gott bin ich als ganzer Mensch zuhause. Mit Leib und Seele, Augen, Ohren, Armen und Beinen. Auch für manche Erwachsenen sind dies befreiende Erfahrungen.

4. Eine spielende Liturgie hilft Kindern und Erwachsenen Emotionen zu entdecken und auszudrücken.
Neben der jubelnden Freude haben auch Angst und Trauer, Klage und Wut ihren Ort in Gottesdiensten mit den Kleinsten. Hier kann gelacht und auch geweint werden.
Besonders Psalmworte der Bibel geben unseren tiefen Gefühlen eine Sprache. Es ist gut, wenn Psalmworte immer wieder erklingen. Gerade Martin Luthers poetische Psalmensprache wurzelt sich lebenslang und heilsam in Kinderseelen ein:
„Und ob ich schon wanderte im finstern Tal fürchte ich kein Unglück." (Psalm 23,4).

5. Eine spielende Liturgie erzählt Bibelgeschichten mit wenigen Symbolgegenständen und vertieft sie kreativ.

Bibelgeschichten „live" erzählt sind der große Schatz in Gottesdiensten mit den Kleinsten. Durch das Erzählen entstehen Bilder im Kopf von Kindern und Erwachsenen, die lebenslang gespeichert bleiben. Wenige Symbolgegenstände oder einfache Spielfiguren können die Erzählung sichtbar und greifbar unterstützen.

Die Bibelerzählungen wirken allein schon durch das Erzählen. Zusammenfassende erklärende Deutungen sind gar nicht notwendig, weil sie die Vielfalt der Botschaften einer Erzählung viel zu sehr auf eine „richtige" verkürzen.

Bei den Möglichkeiten, Bibelgeschichten zu vertiefen, sollte auf Schablonenbastelei um der Kinder und Erwachsenen willen verzichtet werden. Der gemeinsame Prozess des kreativen Gestaltens ist viel wichtiger als das fertige Produkt.

6. Eine spielende Liturgie bietet Kindern unterschiedliche Gottesbilder an.

Allein in den Psalmen wird Gott mit über 200 verschiedenen Bildern beschrieben: mein Fels, meine Burg, mein König. Der mich aus der Tiefe zieht. Der mich befreit. Der meinen Fuß auf festen Grund stellt.

Hinter diesen verschiedenen Bildern stehen ganz unterschiedliche Erfahrungen von Menschen, die Gottes Handeln individuell erlebt haben.

In Gottesdiensten mit den Kleinsten haben Kinder ein Recht, viele unterschiedliche Gottesbilder kennen zu lernen und ihr lebensbiografisch passendes Gottesbild zu entdecken.

7. Eine spielende Liturgie fördert die Kreativität und Neugierde von Kindern und Erwachsenen.

In Gottesdiensten mit den Kleinsten entdecken und feiern Kinder und Erwachsene gemeinsam den christlichen Glauben. Besonders die Momente, die zum Staunen bringen, fördern Neugierde und Kreativität.

Es ist gut, wenn Kinder spüren: Auch die Erwachsenen staunen über Gottes Wege und lassen sich begeistern und tragen von Gottes Güte.

8. Eine spielende Liturgie macht Kinder und Erwachsene sprachfähiger im Glauben.

Schon in der Vorbereitung eines Gottesdienstes mit den Kleinsten erschließen sich bisher unentdeckte Seiten des Glaubens. Das gemeinsame Gespräch und auch Nachgespräch in der Gruppe bietet immer neue Anlässe, in die Sprachwelt von Bibel und Christentum hineinzugehen. Die eigene Gebetspraxis wird vertieft und erweitert. Rituale, die vollzogen und Lieder, die zuhause gesungen werden, ziehen den Glauben in den Familienalltag.

9. Eine spielende Liturgie unterstützt Kinder und Erwachsene beim Suchen nach Antworten auf die großen Fragen des Lebens.
Schon kleine Kinder setzen sich intensiv mit Tod und Sterben und der eigenen Herkunft auseinander. Besonders aber auch mit den Fragen nach Gott:
Wem kann ich eigentlich vertrauen? Wer schenkt mir Geborgenheit?
Gottesdienste mit den Kleinsten bieten Antworten der Bibel an und ermutigen zum gegenseitigen Austausch.

10. Eine spielende Liturgie verbindet Kinder mit anderen Menschen zu einer heilsamen Gemeinschaft.
In Gottesdiensten mit den Kleinsten erleben Kinder, wie andere Kinder und Erwachsene gut miteinander umgehen. Sie erleben, wie gemeinsam gesungen, gebetet und gefeiert wird. Sie erleben sich als Teil einer heilsamen Gemeinschaft, die größer ist als die eigene Familie. Hier werden wichtige Spuren gelegt zu einem Glauben, der sich mit Christen in der ganzen Welt verbunden weiß.
Der oft zu enge Familienkreis, der um sich selbst kreist, erfährt eine notwendige Horizonterweiterung. Besonders in der zunehmenden Verinselung und Verschulung von Kindheit bieten Gottesdienste mit den Kleinsten heilsame Kontererfahrungen.

11. Eine spielende Liturgie ist reich an Segenshandlungen.
Jesus legte Kindern seine Hände auf und segnete sie. Gottesdienste mit den Kleinsten feiern wir in der Nachfolge Jesu. Darum gehört ein spürbarer und hörbarer Segen in jeden Gottesdienst. Gott selbst segnet durch Menschen und beauftragt uns, seinen Segen reichlich weiterzugeben. Immer sollten Hände spürbar auf Kopf oder Schulter gelegt werden: *Gott segne dich und behüte dich.* Segen ist kein frommer Wunsch oder eine Bitte oder ein Gebet, sondern immer aktive Zusage der Güte und Kraft Gottes. Und was Gott zusagt, das hält er auch.

12. Eine spielende Liturgie baut Brücken zu anderen Gottesdiensten mit Kindern in der Kirchengemeinde.

Gottesdienste mit den Kleinsten stehen in einem Netzwerk von anderen Gottesdiensten mit Kindern. Ein regelmäßiger Austausch mit Kindergarten- und Kindergottesdienstteams, mit Pfarramt und Kirchenvorstand hilft, Brücken zu bauen. Kinder und Erwachsene können dadurch Lieder und Gebete, Rituale und Personen, Räume und Kirchenjahr wiederentdecken und Gottesdiensterfahrungen vertiefen und erweitern.

Eine regelmäßige Fortbildung der Gottesdienstteams wird von den Kirchengemeinden gerne unterstützt und gefördert.

5. Das Projekt „Kindertheologie als Impuls für den Gemeindeaufbau"

Hannegreth Grundmann

Wie kam es zu diesem Projekt? – Der Impuls

Seine Augen strahlten, als er von den Kindern erzählte, den Kindern in der Theologie!

Im Oktober 2005 nahm ich an einer Tagung der Luther-Akademie in Sondershausen zum Thema „Das Ja zum Kind – Mandat und Verantwortung für die christliche Erziehung der Kinder" teil. Einer der Vortragenden dort war der emeritierte Professor der Praktischen Theologie Karl Ernst Nipkow aus Tübingen (Jg. 1928). In den Pausengesprächen mit ihm sprang ein Funke über, ein Funke der Begeisterung. Ich hatte bis dahin noch nichts davon gehört, dass es seit 2002 eine Art „Bewegung" innerhalb der Praktischen Theologie gab, die sich „Kindertheologie" nannte und eigene Jahrbücher herausgab. Als Pastorin befand ich mich zwar gerade in der Elternzeit und hatte seit einigen Monaten begonnen, Krabbelgottesdienste in unserer Gemeinde zu feiern, weil die Eltern-Kind-Gruppe unserer Kirchengemeinde sich das wünschte und ich probierte aus, was in einem Gottesdienst mit unter Dreijährigen überhaupt möglich ist. Ich entwarf einen Ablauf, wir feierten den Gottesdienst miteinander in der Kirche und besprachen ihn an einem Elternabend.

Auf der Tagung hörte ich nun zum ersten Mal, dass ein Wandel in der Theologie stattgefunden hatte und die Kirche schon durch die EKD-Synode 1985 dazu aufgerufen war, einen Perspektivenwechsel vom Kind her durchzuführen. 1994 erneuerte die EKD-Synode „Aufwachsen in schwieriger Zeit" diese Forderung.

In der Kirche begann der Perspektivenwechsel in den 80er und 90er Jahren durch die Aufwertung des Kindergottesdienstes. Karl Ernst Nipkow hatte in seinem Buch „Bildung als Lebensbegleitung und Erneuerung" von 1990 die Gleichrangigkeit der Gottesdienstformen von Kinder- und Erwachsenengottesdiensten beschrieben. Das sollte auch in dem Ausdruck „Kirche mit Kindern" zum Ausdruck kommen, wie es sich etwa im Logo des Arbeitsbereichs Kindergottesdienst der Evangelisch-lutherischen Landeskirche Hannovers wiederfindet.

In der Theologie geschah dieser Perspektivenwechsel im Gefolge neuerer Entwicklungen innerhalb der Soziologie, Entwicklungspsychologie und Philosophie. Nach der „Kinderphilosophie" gab es nun die „Kindertheologie". Diese Bewegung ist so neu, dass über ihre Definition noch diskutiert wird.

Der Theologe Friedrich Schweitzer sagte bereits 2003, dass Kindertheologie nicht einfach ein Äußern religiöser Aussagen durch Kinder sei, sondern ein „Nachdenken" der Kinder über ihre Äußerungen. Somit sei Kindertheologie eine Reflexion über religiöses Denken. Das ist meines Erachtens ungefähr ab dem vierten Lebensjahr möglich.

Viel wichtiger erscheint mir, worauf diese Strömung innerhalb der Theologie aufmerksam macht: Kinder werden als religiöse Subjekte wahr- und ernst genommen und darin gefördert. Zu diesem „Subjektsein" gehört der individuelle Zugang zum Glauben, die Selbstwerdung des Kindes als Leitlinie der Pädagogik, das entwicklungspsychologische Verständnis des Kindes als Konstrukteur seiner Wirklichkeit. Kinder sind aktiv und Lernen bedeutet für sie Aneignung mit allen Sinnen, so wie das Greifen vor dem Be-greifen kommt. Wir können sie im Hinblick auf ihr eigenständiges Erleben und Deuten von Welt unterstützen und fördern.

Zu ihrer Selbstwerdung gehört es, ihrer „spirituellen Sensibilität", wie Karl Ernst Nipkow es im Eingangsteil formulierte, Raum zu geben. Ihre persönliche und religiöse Entwicklung greifen ineinander und gehören zusammen. Das stellt Friedrich Schweitzer im Jahr 2000 mit seinem Buch „Das Recht des Kindes auf Religion" besonders heraus. Er lässt offen, um welche Religion es sich dabei handelt. Es geht einfach um die Förderung der „spirituellen Sensibilität" der Kinder, die ansonsten verkümmert.

Entscheidend für das Projekt ist, dass aus der Kindertheologie Anregungen für den Umgang mit Kindern in der Kirchengemeinde gewonnen werden können. Es geht über das Verständnis Friedrich Schweitzers von Kindertheologie hinaus, der sie auf reflexives theologisches Denken von Kindern bezieht, und auch über das Verständnis von Kindertheologie, wie es Friedhelm Kraft eingangs vorgetragen hat. Er hat das Kind in der „Kindertheologie" erst dann im Blick, wenn es sich theologisch äußern kann. Daher hatte die Kindertheologie bisher als didaktisches Leitbild Einzug in die Schule und auch in den Kindergarten gehalten.

Der Theologe Oswald Bayer nennt in einem Interview mit Friedrich Schweitzer im Anschluss an Psalm 8 den ersten Schrei eines Kindes ein Rufen nach Gott, ein Sich-Ausstrecken des Menschen nach Gott, ein Lob

Gottes. In Psalm 8,3 heißt es: *„Aus dem Munde der jungen Kinder und Säuglinge hast du eine Macht zugerichtet."* Bayer fasst den Theologiebegriff weiter als Schweitzer.

Das Projekt fördert aber auch das spätere reflexive Äußern der Kinder über religiöse Themen, indem sie von Anfang an als religiöse Subjekte wahr- und ernst genommen werden.

Als Kirche haben wir Verantwortung, ihnen Raum zu geben, dass sie ihre „spirituelle Anlage" ausleben können. In Psalm 31,9 heißt es: *„Du stellst meine Füße auf weiten Raum!"* Diesen weiten Raum, diesen weiten Horizont spüren wir, wenn wir mit Gottes Gegenwart und Liebe in Kontakt kommen und uns bei ihm geborgen fühlen. Das sollte nicht nur Erwachsenen, sondern auch Kindern von Anfang an ermöglicht werden. In den Gottesdiensten kann der „religiöse Resonanzboden in ihnen zum Schwingen gebracht werden", wie es Karl Ernst Nipkow ausdrückt.

Hinzu kommt, dass wir als Gemeinde für jedes einzelne getaufte Kind eine Taufverantwortung übernommen haben, es in seinem Glauben zu begleiten. Und für nicht Getaufte können wir einladende Gemeinde sein.

Häufig sind gerade die Mütter im Krabbel- oder Kindergottesdienst sehr aktiv, deren Kinder noch nicht getauft sind, weil sie sich wünschen, dass ihr Kind selbst „Ja" zur Taufe sagt. Daher haben wir als Gemeinde eine Verpflichtung, ihnen das Kennenlernen des christlichen Glaubens zu ermöglichen.

Die Säuglingstaufe bleibt weiterhin ein Leitbild der lutherischen Landeskirchen, weil in ihr Gottes Zuwendung, sein gnädiges Handeln an uns, am deutlichsten zum Ausdruck kommt. Denn es ist Gott, der Vater Jesu Christi, der uns in Liebe angenommen hat und wir sind die, die daraus dankbar leben dürfen.

So ist das Feiern des Gottesdienstes mit den Kleinsten von Anfang an in ein Gemeindeaufbauprojekt eingebunden, das die Gemeindeglieder stärken und andere in die Gemeinde einladen möchte. Nach dem Gemeindeaufbaukonzept, das die Vereinigte Evangelisch-Lutherische Kirche (VELKD) 1983 beschrieben hat, könnte dies als „missionarische Doppelstrategie Öffnen und Verdichten" angesehen werden.

Wenn ich von jedem Gemeindeglied spreche, dann sind alle Getauften, ganz gleich welchen Alters, gemeint. Die Kleinsten sind in der Gemeinde genauso wichtig wie die Erwachsenen. Sich auf sie einzulassen, bereichert das Gemeindeleben. Von ihnen können wir Spontaneität und Emotionalität lernen, um vor allem im Hier und Jetzt zu leben!

Nicht ohne die Eltern

Eltern-Kind-Gruppen sind dadurch ausgezeichnet, dass die Kinder in einem Alter sind, in denen ihre fast „symbiotische" Beziehung zu ihrer Bezugsperson noch besteht, sie also nur in Begleitung eines Erwachsenen erscheinen.

Will man die Anliegen der „kindertheologischen Bewegung" auf die Arbeit mit unter dreijährigen Kindern in der Gemeinde übertragen, dann geht es nicht ohne die Eltern. Sie sollen dabei begleitet werden, ihre Kinder als religiöse Subjekte wahr- und ernst zu nehmen. Es wird den Kindern am meisten gerecht, wenn sie nicht nur in der Schule oder in der Kirchengemeinde als religiöse Subjekte gesehen werden, sondern auch von Anfang an zuhause als solche respektiert und begleitet werden.

Erwachsene können sensibel werden für die religiösen Bedürfnisse der Kinder und sie in einer Atmosphäre aufwachsen lassen, in der Gott selbstverständlich zum Alltag dazugehört, ohne dass dies aufgezwungen wirkt. Wir können eine Haltung entwickeln, die es uns ermöglicht, auf die religiösen Bedürfnisse der Kinder einzugehen. Ein Beispiel macht dies deutlich: Ich hätte nie gedacht, dass ein Zweijähriger genau weiß, welche Gebete er mag und welche nicht. Eines Abends saß unser Sohn im Bett und sortierte alle Gebete aus, auf denen Engel abgedruckt waren. Hätte ich ihm solche Gebete aufgezwungen, die mir gefallen, hätte es seinen persönlichen Weg mit Gott eher versperrt als begleitet.

So ist es zum einen um der Kinder willen notwendig, die Eltern einzubeziehen. Zum anderen um der Eltern selbst willen. Sie selbst müssen vielleicht auch erst lernen, sich als religiöses Subjekt ernst zu nehmen, weil sie es in ihrer Erziehung anders erlebt haben. Manche Erwachsene starten wieder gemeinsam mit ihren Kindern einen Neuanfang im Glauben.

Bei anderen Erwachsenen wiederum, die selbst in einem geprägten Glaubensleben aufgewachsen sind und dazu ein gutes Verhältnis haben, tauchen Fragen auf, über die sie sich mit anderen austauschen möchten. So erzählte eine Mutter, die eher zu den älteren Müttern gehörte, dass sie Gebete, die sie aus ihrer Kindheit kritiklos übernommen hatte, nun mit ihren Kindern nicht mehr beten kann. Die letzte Strophe von „Müde bin ich geh zur Ruh", in der von Christi Blut gesprochen wird, konnte sie nicht am Bett ihrer Kinder beten. Sie mochte nicht, dass die Kinder ein „geducktes, demütiges Christentum" kennenlernen.

Und schon befanden wir uns mitten in einem Gespräch darüber, welche theologischen Aussagen welchem Alter angemessen sind.

Die unter Dreijährigen sollten zunächst die Freude über Gottes Gegenwart und Liebe zu uns Menschen kennenlernen. In dieser Hinsicht hat vor allem die Einleitung zum ersten Gebot für sie Bedeutung, wenn es heißt: *„Ich bin der HERR, dein Gott!"* (2. Mose 20,2). Alle weiteren Gebote, die das Sozialverhalten regeln, können noch nicht von Kindern in einem Alter verstanden werden, in dem sie noch gar nicht in der Lage sind, von sich abzusehen.

Es wurde deutlich, dass die Eltern in ihrer Kindheit durch gesellschaftliche Umstände anders geprägt sind als die Kinder heute.

Es ist wichtig, sich darüber klar zu werden, aus welchem Grund ein bestimmtes Gebet gesprochen und warum vielleicht auch manches weggelassen wird. Was wollen wir weitergeben und wie können wir das in einer Form tun, so dass das Kind es sich aneignen und einen eigenen persönlichen Zugang zum Glauben entwickeln kann?

Die Planung des Projektes

Durch Professor Nipkow, meine persönliche Situation und meine Erfahrungen in zwei Gemeinden mit Eltern-Kind-Gruppen angeregt, entwarf ich das Projekt „Kindertheologie als Impuls für den Gemeindeaufbau".

Sollten die kleinen Kinder in den Gemeinden begleitet werden, ergab sich die Frage, wie das ohne großen zeitlichen Aufwand durch meine Kolleginnen und Kollegen geschehen könnte. Wenn eine Gemeindeaufbau-Idee umgesetzt werden soll, dann muss sie in die finanziellen und zeitlichen Ressourcen realistisch eingearbeitet werden. So war von Anfang an klar, dass das Projekt vom jeweiligen Pfarramt unterstützt, aber nicht durchgeführt werden musste. Die Eltern wurden nach einiger Zeit gefragt, ob sie in Zukunft die Gottesdienste übernehmen möchten, wenn ihnen der Gottesdienstentwurf zur Verfügung gestellt und ihnen die Durchführung eines solchen Gottesdienstes gezeigt wird. Die Gruppen sollten die Möglichkeit haben, das Projekt kennenzulernen, es aber auch jederzeit abbrechen zu können.

Die Durchführung des Projektes

Damit das Projekt in den Gemeinden durchgeführt werden konnte, wurde es gemeinsam mit den Superintendenten auf den Kirchenkreiskonferenzen vorgestellt. So erfuhr jede Kirchengemeinde davon und konnte bei Interesse, mit den Eltern-Kind-Gruppen der eigenen Gemeinde in Kontakt treten, um dafür zu werben.

Wichtig dabei war, den Angebotscharakter des Projektes zu betonen und zu verdeutlichen, dass auch ein „Hereinschnuppern" möglich war.

Ein Vorgespräch mit dem jeweiligen Pfarramt fand statt, um so das Angebot ausführlicher darzustellen und Erwartungen abzuklären. Wurde die Durchführung des Projektes dann gewünscht und war mit dem Kirchenvorstand abgesprochen, so konnte es zu einem ersten Kontakt der Durchführenden mit den Eltern-Kind-Gruppen kommen.

Dort stand das Kennenlernen der Gruppe in ihrem gewohnten Umfeld und dem üblichen Verlauf im Vordergrund. Der Krabbelgottesdienst wurde beim nächsten Mal in den ersten 20 Minuten der Gruppenstunde gefeiert, insgesamt dreimal jeweils im Abstand von vier Wochen. In den kommenden Monaten wurden zwei Elternabende angeboten. Angeregt durch die Gottesdienste begannen die Kinder, mit ihren Eltern darüber zu sprechen und zu beten.

Der erste Elternabend nahm die religiöse Entwicklung der unter Dreijährigen in den Blick. Den Eltern sollten die Augen dafür geöffnet werden, dass persönliche und religiöse Entwicklung zusammengehören und wie wichtig ihre Rolle als Eltern in diesem Zusammenhang ist. Dabei fand eine Auseinandersetzung mit der eigenen religiösen Prägung statt. Sie ist entscheidend für die eigene Persönlichkeit und erst recht für den Umgang mit den Kindern. Auch wurde der Austausch über die „Familienreligiosität" ermöglicht und neue Impulse gegeben, indem konkrete Angebote an Liedern, Gebeten und Kinderbibeln gemacht wurden.

Der zweite Elternabend war dem Thema „Unter Dreijährige beim Umgang mit Tod und Trauer begleiten" gewidmet. An diesem Abend wurde aufgezeigt, wie Kinder dieser Altersgruppe Abschied und Tod erleben und welche Konsequenzen das für den Umgang der Erwachsenen mit ihnen hat. Es wurde deutlich, wie unsicher viele Erwachsene sind, mit diesem Thema umzugehen. Diese Unsicherheit war zum einen in der eigenen Biografie begründet, zum anderen in dem unterschiedlichen Entwicklungsstand der kleinen Kinder und dem der Erwachsenen.

Im Laufe der ersten Monate stellte sich heraus, wer von den Erwachsenen der Eltern-Kind-Gruppe die Gottesdienste weiterführen möchte. Das Gewinnen von Ehrenamtlichen gehörte zu dem Projekt dazu. Diese wurden zur Durchführung des Gottesdienstes angeleitet und bekamen das Material zur Vorbereitung per E-mail zugesandt. Eine Kopie des Entwurfes wurde dem zuständigen Pfarramt zugemailt, so dass es stets informiert war.

Nach Ende des Projektes sollte dieses verschriftlicht werden, damit es auch in Gemeinden anderer Kirchenkreise durchgeführt werden könnte.

Es ergab sich die Veröffentlichung in dem vorliegenden Band im Evangelischen Zentrum für Gottesdienst und Kirchenmusik im Michaeliskloster in Hildesheim, weil Jochen Arnold das Projekt in der Schlussphase begleitete, nachdem der Arbeitsbereich Kindergottesdienst von Hannover nach Hildesheim umgezogen war. Mit Hilfe des Buches kann die Aufgabe, das Projekt in Gemeinden zu initiieren und an Ehrenamtliche zu übergeben, nun von den Pastorinnen und Pastoren und/oder von Diakoninnen und Diakonen übernommen werden. Sie können sich überlegen, in welcher Form und wie umfangreich sie das Projekt in ihrer Gemeinde umsetzen möchten. Dafür gibt es verschiedene Möglichkeiten:

Das Projekt wird mit Gottesdiensten und Elternabenden komplett vom Pfarramt bzw. einem/r Diakon/in durchgeführt oder das Pfarramt bzw. einem/r Diakon/in initiiert das Projekt und weist von Anfang an darauf hin, dass es von den Eltern später übernommen wird. Es ist auch möglich, dass die Gottesdienste von Kindergottesdienstmitarbeitern/innen gehalten werden.

Die Elternabende liegen jedoch immer im Verantwortungsbereich des Pfarramtes, weil gerade für den zweiten Abend eine seelsorgerliche Ausbildung und Erfahrung notwendig ist.

Das Projekt erreicht mit der Zielgruppe der Eltern der unter Dreijährigen genau die Altersgruppe, die in unseren Gemeinden oftmals schwach vertreten ist. Gelingt es, diesen Personenkreis neu oder erneut an die Kirchengemeinde heranzuführen, dann ist das eine große Chance für die Gemeinden. Wie Wilfried Härle in seinem Buch „Wachsen gegen den Trend" nachweist, ist das Wachstum derjenigen Gemeinden am größten, denen es gelingt, die Gruppe der 20- bis 40-Jährigen zu integrieren.

In dem Projekt „Kindertheologie als Impuls für den Gemeindeaufbau" geht es neben der Gruppe der unter Dreijährigen genau um diese Altersgruppe der 20- bis 45-Jährigen. Die Gottesdienste können jedoch auch auf die 4- bis 5-Jährigen ausgeweitet werden.

Die Erwachsenen

Das Projekt betrifft mehrere Gruppen von Erwachsenen. Neben den Eltern und Großeltern der Kinder sind auch die Erzieherinnen und Erzieher der Kindertagesstätten im Blick.

Pädagogische Fachkräfte befinden sich in einer Alterspanne, die sich von jungen Praktikanten/innen bis kurz vor dem Ruhestand ausdehnt.

Alle Altersgruppen empfanden die Gottesdienste mit den Kleinsten als bereichernd. Anfangs jedoch war bei einigen eine gewisse Unsicherheit zu spüren: „Wie können wir unseren Glauben weitergeben, wenn wir selbst darin noch unsicher sind?", fragten sie. Doch die spielerische Art der Verkündigung im Gottesdienst und die Themen der Bibelgeschichten nahmen ihnen schnell die Unsicherheit. Mit viel Freude wurden die Gottesdienste geplant und durchgeführt!

Die Eltern der beteiligten Kinder befinden sich in der Regel in einem Alter von 20 bis 45 Jahren. Die Mehrzahl der Erwachsenen in den Eltern-Kind-Gruppen waren Mütter, die zwischen 28 und 38 Jahre alt waren. Die meisten von ihnen waren berufstätig und befanden sich nun in einer oftmals dreijährigen Elternzeit, die häufig für ein zweites Kind verlängert wurde. Alle Erwachsenen dieser Gruppe verbindet die Erfahrung des Elternseins, die sie gerade machen. Sie haben eine eigene Wohnung oder ein eigenes Haus bezogen. Sie haben teilweise beschwerliche Monate der Schwangerschaft und die Geburt des Kindes hinter sich und befinden sich in der Zeit der Umstellung auf das Kind. Nichts ist mehr so, wie es vorher war! Der Alltag und auch die Partnerschaft müssen neu sortiert werden. Einige belasten die Erfahrungen einer oder mehrerer Fehlgeburten. Manche erzählen von Totgeburten. Wieder andere haben die Geburt des Kindes als bedrohlich für die eigene Gesundheit oder die des Kindes erlebt. Eine Mutter erzählte von der Tortur der künstlichen Befruchtung mit allen Höhen und Tiefen.

Auch von anderen Krisenerfahrungen wurde berichtet: Die eigenen Eltern liegen im Krankenhaus oder sind gerade verstorben. Auch über den Einsatz der Bundeswehr im Ausland wurde gesprochen, weil der Ehemann dort als Soldat stationiert war oder die Mutter selbst dort im Einsatz gewesen ist.

In der Gruppe werden Erfahrungen, Sorgen und Ängste ausgetauscht. Es wird sich aber auch miteinander gefreut, wenn die Geburt gut verlaufen ist und der neue „Erdenbürger" mitgebracht wird. So kommt es vor, dass in einem Gottesdienst auch schon mal ein drei Wochen altes Baby als Geschwisterkind dabei ist.

Schwangerschaft und Geburt sind immer, auch wenn sie gut verlaufen, ein einschneidendes Erlebnis. So haben alle Eltern eine Art Krisensituation durchgemacht, die ganz neue Erfahrungen und Fragen mit sich gebracht hat. Sie wünschen sich für ihr Kind das Beste. In diesem Zusammenhang taucht die Frage auf, ob sie es taufen lassen. Die Taufe wird von vielen gewünscht, manchmal auch von Eltern, die beide aus der Kirche ausgetreten sind.

Bei der Frage „Was wünschen wir uns für die Erziehung und Begleitung unseres Kindes?" wird die Relevanz der Kirche und des christlichen Glaubens wieder aktuell. Auch die Fragen der Kinder werden kommen. „Wie sollen wir mit ihren Fragen umgehen? Wir sind es doch gar nicht gewohnt, über unseren Glauben zu sprechen?", fragen sich manche Eltern. Dieser Sprachlosigkeit gemeinsam Raum zu geben und sie zu überwinden, ermutigt zu einem neuen Anfang. Die Möglichkeit des Austausches der Erlebnisse mit der Kirche und dem Glauben fördert die Sprachfähigkeit in Glaubensfragen. Vielmehr aber noch als das Gespräch eröffnet das gemeinsame Feiern eines Gottesdienstes, das Singen, Beten und Aneignen einer biblischen Geschichte den Austausch über religiöse Themen und hilft, den eigenen Standpunkt zu finden und ihm Sprache zu verleihen. Gerade diese Form gelebter Spiritualität ist oftmals verschüttet. Aus dem Gottesdienst aber kommen die Bilder und Geschichten, die es uns möglich machen, über Gott zu sprechen. Wie das Erleben der religiösen Dimension dem Reden vorangeht, so geht auch der Gottesdienst der Theologie voran.

Aus dem gemeinsam gefeierten Gottesdienst werden zudem Impulse für die „Familienreligiosität" gewonnen. Die Kinder lernen sehr schnell Gebete und Lieder auswendig und fangen zuhause unvermittelt an, zu singen und zu beten. Eine Mutter erzählte, sie würde nun jeden Abend das Vaterunser mit ihrem Kind beten, weil es das so möchte.

Mit dem Neuanfang im Glauben für Eltern und Kinder kann die Sprachfähigkeit im Glauben gefördert werden. Das gilt für die Kinder, die gerade Sprechen lernen. Das gilt für die Eltern, die sich in religiösen Fragen hilflos fühlen.

Zudem finden sich im Krabbelgottesdienst-Team Mütter, die früher selbst im Kindergottesdienst-Team mitgearbeitet haben. Ihnen ist es wichtig, mit ihren kleinen Kindern Gottesdienst zu feiern.

Zur Gruppe der Erwachsenen gehören auch die Großeltern, die ihre Enkelkinder in die Krabbelgruppe begleiten oder den Krabbelgottesdienst besuchen. Das Ritual des Gottesdienstes mit Vertrautem und Neuem zugleich verhilft drei Generationen zu einem gemeinsamen Erlebnis von Gottes Gegenwart und gibt Anregungen für das Gespräch über Gott.

Zur Gruppe der Erwachsenen, die durch dieses Projekt angesprochen werden, gehören außerdem die Frauen, die selbst keine Kinder haben, sich aber gerne in den Eltern-Kind-Gruppen engagieren. Auch die wenigen Väter, die sich hier in ihrer Elternzeit einfinden, müssen an dieser Stelle erwähnt werden, auch wenn die Elternzeit noch überwiegend von den Müttern wahrgenommen wird.

II. Mit den Kleinsten Gottesdienst feiern

1. Zur besonderen Situation des Krabbelgottesdienstes

„Dürfen wir das denn auch?"

„Dürfen wir Gottesdienst in der Kirche feiern, wenn keine Pastorin oder kein Pastor dabei ist?", fragten mich Mütter aus einer Krabbelgruppe. Ich hatte mit ihnen schon mehrere Krabbelgottesdienste in ihrer Kirche gefeiert. Es gefiel ihnen gut, ihre Kirche einmal anders zu erleben. Vorn im Chorraum, direkt vor dem Altar zusammen mit ihren kleinen Kindern im Alter von null bis drei Jahren auf dem Fußboden zu sitzen, war eine ganz neue, erst ungewohnte, aber dann doch gute Erfahrung. Es gefiel ihnen, gemeinsam mit ihren Kindern die Kirche als ihren Lebensraum zu erfahren. Für die Kleinen war bald klar, wenn die Glocken läuten, dann rufen sie: „Komm, komm, komm in die Kirche zum Gottesdienst!"

Als die Mütter nun mit dem Gottesdienst vertraut waren, den wir in ihrer üblichen Gruppenstunde einmal im Monat feierten, fragte ich sie, ob sie sich vorstellen könnten, ihn in Zukunft selbst zu leiten. Die Mütter sahen mich erstaunt an, als ich sie fragte, ob sie nun den Gottesdienst übernehmen möchten. „Dürfen wir das denn auch?", war die erste Frage. Sie waren noch anders geprägt: „Wenn einer biblische Geschichten in der Kirche erzählt, dann doch nur die Pastorin oder der Pastor, die Diakonin oder der Diakon", meinten sie.

Nein, so ist es ganz und gar nicht! „Natürlich dürft ihr das! Wir haben ja auch sonst in der Kirchengemeinde ausgebildete Prädikanten/innen und Lektoren/innen für die üblichen Sonntagsgottesdienste. Für den Kindergottesdienst gibt es Mitarbeiterinnen und Mitarbeiter, die von einer Diakonin oder einem Diakon, von einem Pastor oder einer Pastorin begleitet werden. Und für die Kleinsten, da seid ihr Mütter oder Väter sehr gut geeignete Verkündiger des Wort Gottes. Ihr seid getauft, ihr seid Christen, euch ist wichtig, dass eure Kinder euren Glauben kennenlernen und in ihn hineinwachsen. Ihr kennt die Lebenswelt eurer Kleinsten und ich zeige euch, wie ein Gottesdienst mit ihnen gefeiert werden kann."

Die Mütter mit den meisten Bedenken haben jetzt die größte Freude daran, diese Gottesdienste selbst zu leiten!

Das wird auch von Müttern wahrgenommen, die zur römisch-katholischen oder reformierten Kirche gehören. Alle miteinander verbindet der Wunsch, den Kindern Bibelgeschichten zu erzählen und sie von Gott gesegnet aufwachsen zu lassen. In diesen Gottesdiensten erfahren wir eine gelebte ökumenische Dimension, ohne sie direkt zu thematisieren.

Das Gleiche gilt auch für die Erzieherinnen und Erzieher. Wer zunächst noch eine Hemmschwelle hatte, selbst diese Gottesdienste zu halten, verlor sie in der Gemeinschaft mit den Kindern schnell und so mancher fand durch den spielerisch vertrauten Umgang mit einer Geschichte, wie es auch sonst im Kindergarten üblich ist, einen neuen Zugang zum eigenen Glauben.

Martin Luther ist der für unsere lutherische Kirche wichtigste Theologe. Er sprach vom „Allgemeinen Priestertum aller Getauften". Ihm war wichtig, dass jeder Christ und jede Christin von seinem oder ihrem Glauben erzählt und andere durch den Zuspruch des Evangeliums tröstet. Das geschieht, wenn ihr Gottesdienst mit den Kleinsten feiert!

Martin Luther legte Wert darauf, dass ein Prediger dem „Volk auf's Maul schaut" und dass er mit seiner Predigt die Zuhörer belehrt, bewegt und erfreut. Gerade das ist eine Absicht des Projektes, dass wir den Kindern „auf's Maul schauen": Wir machen uns klar, was in ihrer Entwicklung in den ersten drei Lebensjahren Thema ist, und begleiten sie dabei altersgerecht im Glauben, indem wir Bibelgeschichten spielerisch erzählen. Das geschieht auf eine Weise, die ihnen und uns Freude macht und uns bewegt. Das Evangelium ist schließlich eine frohe Botschaft und will unsere Herzen erreichen, auch die Herzen der unter Dreijährigen!

Wo wird der Gottesdienst gefeiert? – Der Kirchenraum als Lebensraum

In diesem Projekt stehen der Gottesdienst und die Kirche im Zentrum der Gemeindearbeit.

Wie die kleinen Kinder an der Hand ihrer Eltern die Welt entdecken, mit ihnen einkaufen gehen, Nachbarn besuchen, zum Babyschwimmen oder zum Kinderturnen fahren, so kann es wie selbstverständlich dazugehören, dass sie die Kirche als ihren Lebensraum entdecken.

Schon die Kirche als Bau ist interessant für sie: ein großer Raum ausgestattet mit Bildern und Schnitzereien.

Sie dürfen die Kirche entdecken. Zu ihrem Gottesdienst kommen sie ganz nach vorn, sitzen direkt vor dem Altar und sehen den Altarbehang, die Kerzen, das Kreuz, eventuell ein Altarbild oder die bunten Fenster, die Geschichten erzählen. Sie entdecken die Taube unter dem Kanzeldeckel. Sie möchten vielleicht ausprobieren, wie die Aussicht von der

Kanzel ist. Sie fassen das Taufbecken an und staunen über die Drachenköpfe aus Stein.

Es gibt viel zu entdecken in unseren Kirchen. Mich fasziniert am meisten, dass die Kleinen gerade für das Kleine einen besonderen Blick haben. Wenn es sich in die Gottesdienstgestaltung einfügt, begebe ich mich gemeinsam mit allen auf den Weg durch die Kirche, um etwas zu entdecken. Wird der Arche-Noah-Gottesdienst gefeiert, lasse ich die Eltern mit ihren Kindern nach der Arche Noah in unserer Kirche suchen. Die Erwachsenen hatten selbst nie die Gelegenheit ihre Kirche genauestens zu untersuchen, wenn sie im Sonntagsgottesdienst einfach nur auf der Kirchenbank saßen. Auf dem Taufdeckel finden wir dann die Arche Noah. Schon dadurch wird eine Verbindung dieser Geschichte mit der Taufe geschaffen.

Oder in der Advents- und Weihnachtszeit lasse ich alle das kleine Jesus-Baby suchen, das von seiner Mutter auf dem Schoß gehalten wird. Und Josef beschützt Mutter und Kind mit seinem Mantel. Es ist eine kleine geschnitzte Figur im hinteren Bereich unserer Kirche. Meistens staunen die Erwachsenen, weil sie diese Figur noch nie wahrgenommen haben.

Als unser Sohn zweieinhalb Jahre alt war und er sie entdeckt hatte, da mussten wir uns die Figur immer wieder ansehen, wenn wir in die Kirche kamen. Wie das kleine Baby von seinen Eltern beschützt wurde, das sprach ihn unmittelbar an.

Durch die fröhlichen Gottesdienste und Entdeckungen in der Kirche wird sie zu „ihrer Kirche". Eine Mutter erzählte mir, dass ihr beinahe zweijähriger Sohn sehr gerne zu den Gottesdiensten der Krabbelgruppe geht. Sie sagte: „Er liebt die Kirche. Er geht da so gerne hin."

Eine andere Mutter sagte mir, dass es ihr guttue, vorne im Altarraum den Gottesdienst zu feiern. „Ich fühle mich hier wohl. Früher, in meinem Konfirmandenunterricht war der Pastor so streng gewesen und hier vorne war ich nur zu meiner Konfirmation und meiner Hochzeit. Das waren natürlich aufregende Momente. Doch jetzt sind wir hier und können singen und tanzen und gemeinsam mit unseren Kindern den Gottesdienst entspannt feiern. Ich bin froh, dass mein Sohn die Kirche so erlebt!" – und damit ist sicher nicht nur das Gebäude gemeint!

Gottesdienste an anderen Orten

Ist die Kirche zu weit weg oder im Winter zu kalt, haben wir die Gottesdienste an anderen Orten gefeiert.

Gottesdienst im Alltag eines Betriebskindergartens

In den Leitlinien des Betriebskindergartens der Reederei Hartmann in Leer findet sich der Hinweis darauf, die Kinder auch mit der religiösen Dimension des Lebens vertraut zu machen. Es sind ca. zwanzig Kinder im Alter von null bis fünf Jahren, die dort ganztägig zusammenkommen. Die Erzieherinnen sind an mich herangetreten, das Projekt auch bei ihnen durchzuführen. Es hatte sich ergeben, dass sie mit den Kindern schon einen meiner Gottesdienste besucht hatten. Auch hatte das gesamte Team an einer eintägigen Fortbildung teilgenommen, die der Kindergottesdienstbeauftragte Pastor Dirk Schliephake gemeinsam mit mir veranstaltete.

Die Eltern wurden um ihr Einverständnis gebeten und der erste Gottesdienst fand mit ihnen gemeinsam zur Weihnachtsfeier statt.

Auch wenn es uns nicht möglich war, in die Kirche zu gehen, so haben wir wunderbare Gottesdienste gefeiert und dabei vielfältige Möglichkeiten entdeckt, die der Kindergarten bietet. In dem Raum, der sonst der Schlafraum war, wurde der Altar mit drei Kerzen und einem Kreuz aufgebaut. Die Kinder saßen auf drei großen Bettmatratzen auf dem Fußboden, die nun mit dem Altar zusammen ein Quadrat bildeten.

Möglichst eine Woche vorher habe ich das Thema des nächsten Gottesdienstes bekannt gegeben. So konnten die Kinder gemeinsam mit den Erzieherinnen schon an den Tagen vorher beispielsweise Fische für den Fischzug des Petrus basteln. Die Geschichte wurde während des Gottesdienstes mit viel mehr Möglichkeiten als in der Kirche erspielt. So wurden die Matratzen zum Boot und alle Kinder waren die Fischer. Sie warfen ein großes Netz aus, das sonst an der Wand hing. Wir alle hatten viel Freude dabei, aktiv in diese Geschichte einzusteigen und dann miteinander am Ufer „Fische" (Salzgebäck) zu verspeisen.

Gottesdienst im Gemeindehaus oder der „Alten Schule"

Einige Gruppen fanden ihre Kirche im Winter zu kalt, andere Gruppen wollten trotzdem in der Kirche den Gottesdienst feiern, weil ihnen der Raum an sich wichtig war. Eine weitere Gruppe konnte die Kirche nicht nutzen, weil sie zu weit weg war und sie den Gottesdienst gerne in ihrem Ortsteil feiern wollten. Außerdem wünschten sie sich den Sonntagmorgen als Gottesdienstzeit. Zu der Zeit fand aber der übliche Sonntagsgottesdienst in der Kirche statt. So trafen sie sich einmal im Monat am Sonntagmorgen in der „Alten Schule". Nun konnten auch Väter dabei sein, die sonst die Woche über arbeiteten. Es ist schön und etwas Besonderes, dass die gesamte junge Familie gemeinsam mit anderen den Sonntag mit Gottes Wort beginnt.

Es ist ohne Weiteres möglich, den Gottesdienst auch im Gemeindehaus zu feiern. Ein Altar wird hergerichtet, auf dem Fußboden werden Teppichfliesen oder Sitzkissen in einem zum Altar hin offenen Kreis ausgelegt. Der Gottesdienst beginnt, wenn alle da sind, mit dem Anzünden der Kerzen. Das Ende des Gottesdienstes wird durch das Löschen der Kerzen angezeigt.

Dann wird eine Spielkiste hingestellt und alle versammeln sich um einen Tisch zum gemeinsamen Teetrinken.

Mit wem wird der Gottesdienst gefeiert? – Ein Gottesdienst für alle!

Dieser Gottesdienst ist ganz und gar an den Kleinsten orientiert. Form und Inhalt sind auf sie hin ausgerichtet. Und doch ist es kein Gottesdienst nur für die Kleinsten. Ältere Geschwisterkinder begleiten die Kleineren. Sonst sind die Kleinsten immer nur dabei. Jetzt ist es andersherum. Von diesem Gottesdienst nehmen alle Altersstufen etwas mit. Auch Eltern haben viel Freude daran. Und die Großeltern sowieso, wenn sie ihr Enkelkind in die Kirche begleiten.

Feiere ich den Gottesdienst mit Erzieherinnen, Erziehern und ihren Gruppen, dann ist diese spielerische Form im kleinen Rahmen mit zwanzig Kindern sehr ansprechend. Sie empfinden es als gute Ergänzung zu den großen Kindergartengottesdiensten, bei denen die Kirche aus allen Nähten platzt, wenn alle 140 Kinder und die Eltern dabei sind.

Auch Kinder anderer Religionen, meist Muslime, oder auch konfessionslose Kinder nehmen an den Gottesdiensten teil. Zur Konzeption unserer evangelisch-lutherischen Kindertagesstätte gehört es, dass alle Kinder verschiedene Religionen kennenlernen und ihnen respektvoll begegnen. Durch diese gute Vorarbeit werden die Kindergartengottesdienste, egal in welcher Form, von Kindern aller Konfessionen und Religionen besucht. Alle sind herzlich eingeladen!

Möchte jemand nicht teilnehmen, manchmal vielleicht nur, weil die Glocken dem Kind zu laut sind, wird das respektiert. Es steht allen frei, zu kommen oder fern zu bleiben.

Wie wird der Gottesdienst gefeiert? –
Mit möglichst vielen Sinnen

Das Eingangsgebet, „Wo ich gehe, wo ich stehe, bist du, Gott, bei mir, wenn ich dich auch nicht sehe, weiß ich doch, du bist hier", ist durch seinen einfachen Text und den Reim sehr eingängig und prägt sich schon nach einigen Malen den Kindern ein. Diese Form des Gebetes als Reim erleichtert das Nach- und Mitsprechen. Kleine Kinder lieben Reime. Sie haben einen Sinn für Rhythmus.

Lieder mit Bewegung fördern die ganzheitliche Wahrnehmung. Die Lieder sind geprägt durch eingängige Rhythmen und leicht einzuprägende Texte. Sie sind eingängig im wahrsten Sinne des Wortes.

Das Hören ist der allererste der fünf Sinne eines Menschen. Schon im Mutterleib hören wir. Eine hochschwangere Mutter sagte mir nach einem Gottesdienst, ihr Kind habe im Bauch mitgefeiert. Sie hatte gespürt, wie es sich bei den Liedern bewegte.

Wie zuhause oftmals von früher Kindheit an gesungen wird, Reime und Fingerspiele vorgetragen werden, so ist es für unsere Gottesdienstform selbstverständlich, Lieder mit Bewegungen zu verbinden. Alle bewegen sich im gleichen Rhythmus. Das ist eine Form von Gemeinschaft und dient der Entwicklung der sozialen Kompetenz, aber auch die Motorik der Kinder wird dadurch gefördert.

Die Musik und der Rhythmus werden zum Transportmittel einer Botschaft. Mit der Bewegung oder der Melodie verbinden Kinder später zunächst ein Wort und dann den Inhalt einer Geschichte.

Eine Mutter, die sich eher als kirchenfern bezeichnete, erzählte mir ganz erstaunt, wie ihr zweijähriger Sohn im Fernsehen jemanden gesehen hätte, der den Daumen so nach oben gehalten hat, wie wir es bei dem Lied „Einfach spitze, dass Du da bist" handhaben, und er hätte gleich „Gott" gesagt. Der Junge verband die Bewegung „Daumen hoch" mit dem Wort „Gott", wie er es von dem Lied her kannte. Die Mutter war ganz überrascht, dass Gott nun auf diese Weise in ihr Haus einzog, nämlich von ihrem Kind her. Gott war eigentlich für sie und ihren Mann schon lange kein Thema mehr gewesen. Sie erzählte es mir froh, und sie war auch irgendwie glücklich darüber.

Bewegung ist für Kinder im Alter von null bis drei Jahren der Normalzustand. Sobald sie Krabbeln lernen, meistens mit acht Monaten, sind sie unterwegs. Wenn sie dann erst mal zwischen dem elften und achtzehnten Monat laufen, sind sie kaum noch zu halten. Ab und zu habe ich im Gottesdienst Kinder erlebt, die nicht einen Moment sitzen wollten.

Sie gingen umher, untersuchten alles, blieben mal stehen, aber setzten sich nicht hin. Dann fragte ich die Mutter, wann das Kind denn Laufen gelernt habe. Und sie sagte: „Letzte Woche!" Da war mir alles klar. Wenn jemand gerade erst laufen kann, dann ist es für ihn so eine aufregende Angelegenheit, dass er nun auf dieser neuen Ebene des Aufrechtgehens alles erkunden möchte. Es ist unmöglich, so ein Kind dazu zu bewegen, sich hinzusetzen, es ist aber möglich, dass ich mich als Erwachsene darauf einstelle, dass es für das Kind zum Lebensalltag dazugehört, herumzulaufen. Wenn ich mich darauf einstelle, lenkt es mich nicht mehr so ab. Die Kinder sind diese Unruhe gewohnt.

Meine Zeit mit den unter Dreijährigen hat mir eine neue Sichtweise geschenkt. Wenn ich nun in eine Runde Erwachsener komme, die ein oder zwei Stunden einfach still auf ihrem Stuhl sitzen bleiben, dann kommt mir das „unnormal" vor. Alle sind still und einer redet. Erwachsene sind bei Unruhe viel schneller abgelenkt als Kinder.

Als ich einmal einen Gottesdienst mit sehr unruhigen Kindern gefeiert hatte, da dachte ich, sie hätten von der Geschichte, die ich ihnen gerade erzählt und mit ihnen gespielt hatte, nichts mitbekommen, weil irgendwie fast nichts so lief, wie ich es mir vorher überlegt hatte. Als ich dann mit unserem Sohn wieder zuhause war, war ich ganz erstaunt, als er mir in allen Einzelheiten Elemente aus der Geschichte erzählen konnte. Kinder in diesem Alter sind nicht so schnell abgelenkt wie wir Erwachsenen. Sie haben die Gabe, vieles gleichzeitig aufzunehmen.

Unruhe ist also in diesem Gottesdienst nichts Fremdes. Man kann sich freuen oder überrascht sein, wenn die Kinder dabei ruhig sind.

Einmal sagte eine Mitarbeiterin, die Krabbelgottesdienste hielt, auf einer Fortbildung zu mir, sie könne damit nicht umgehen, wenn die Kinder unruhig seien. Als sie es nun einmal ausgesprochen hatte und wir uns darüber austauschten, dass es für Kinder ganz normal sei und sie trotzdem zuhören, da ging es ihr besser damit.

Welche Bibelgeschichten eignen sich?

Nicht alle Geschichten aus der Bibel eignen sich für einen Gottesdienst mit den Kleinsten. Sie sollten an ihre Lebenswelt anknüpfen und zugleich das Evangelium in einfachster Form verkündigen. Mit den Gottesdiensten wollen wir die Kinder als religiöse Subjekte begleiten. Es geht nicht darum, ihnen kognitive Kenntnisse über biblische Geschichten zu vermitteln, sondern ihnen mithilfe der Bibel eine Wirklichkeit zu erschließen, die von Gott umgriffen ist. Wir wollen den Kindern ermöglichen, vom christlichen Glauben aus die Welt zu entdecken und gemeinsam mit ihnen unser Leben vor und mit Gott zu leben.

Wir haben ein Leben lang Zeit, die Bibel kennenzulernen und unser Leben von ihr auslegen zu lassen. Sie wird mich immer wieder anders und neu ansprechen, je nachdem, welche Lebenserfahrung ich gerade gemacht habe. Mal ermutigt sie, mal tröstet sie. Sie kann auch zu einer Anfrage an meine Art zu leben werden oder mir Wegweiser sein.

Die Auswahl der Bibelgeschichten orientiert sich an einem Kanon theologisch bedeutsamer Geschichten, anhand derer das Kirchenjahr erlebt werden kann und die Auswahl orientiert sich daran, was im Leben der Kinder dieser Altersgruppe von Bedeutung ist.

Grundvertrauen

In den ersten drei Lebensjahren ist es sehr wichtig, dass Kinder Grundvertrauen zu ihrer Bezugsperson entwickeln und dass sie darin nicht enttäuscht werden. Dies ist eine Grundvoraussetzung dafür, dass das Kind später glauben und Gott vertrauen kann.

In den ersten Lebensjahren sind die Eltern für das Kind gleichsam Stellvertreter Gottes. Sie sind für das Kind da und sie erscheinen dem Kind als allmächtig. Erst mit der Erweiterung des Lebensraumes erfährt das Kind, dass es außer den Eltern noch andere vertrauenswürdige und mächtige Personen gibt. Erzieherinnen und Erzieher, Lehrerinnen und Lehrer haben hier eine wichtige Funktion. Nun wird es immer wichtiger, dass Gott an diese einzigartige Stelle tritt und kein Mensch! Das Grundvertrauen, das die Kinder zunächst gegenüber einer menschlichen Bezugsperson entwickelt haben, wird auf Gott übertragen.

Die hierzu passende Bibelgeschichte ist die Geschichte von Abraham (1. Mose 12-23). Sein Lebensradius wurde immer größer. Er musste seine Heimat verlassen und konnte im Vertrauen auf Gott aufbrechen. Er spürte:

„Ich kann mich auf Gott verlassen! Denn Gott hält, was er verspricht! Er begleitet mich auf meinem Weg."

Auch die Geschichte von Gott als dem guten Hirten (Ps 23 und Lk 15, 1-7) passt hierher. Gott ist jemand, der sich um uns kümmert und dem wir vertrauen können. Auch wenn ich Angst habe oder es mir schlecht geht: Gott ist immer für mich da.

Beständigkeit und Ordnung der Welt

Die unter Dreijährigen sollen Vertrauen in die Beständigkeit der Welt entwickeln können. Sie nehmen von Tag zu Tag mehr wahr und lernen, sich zu orientieren, wenn sie die Welt als beständig und geordnet erleben.

Zunächst erfahren sie in den ersten Tagen und Lebenswochen die Wiederkehr von Tag und Nacht. Im zweiten und dritten Lebensjahr nehmen sie wahr, dass die Jahreszeiten Frühling, Sommer, Herbst und Winter wiederkehren. Die Uhrzeit an sich gibt es in ihrem Alter noch nicht. Das beginnt erst in der Vorschul- und Schulzeit. Sie orientieren sich noch an den natürlichen Rhythmen.

An den hier beschriebenen Erfahrungen können wir mit der Schöpfungsgeschichte aus 1. Mose 1,1-31 und mit der Geschichte von der Arche Noah aus 1. Mose 6-8 anknüpfen. Dort heißt es am Ende, nachdem die graue und eintönig dunkle Regenzeit vorbei war: *„Solange die Erde steht, soll nicht aufhören Saat und Ernte, Frost und Hitze, Sommer und Winter, Tag und Nacht."*

Das Leben als Entdeckungsreise – Die Umwelt kennenlernen: Die Natur und die Kirche

Sobald die Kinder auf die Welt kommen, beginnen sie damit, sie zu entdecken. Ihr Leben wird zu einer Entdeckungsreise je mehr sich ihre Sinne ausbilden und ihr Lebensradius sich erweitert. Dabei begleiten wir sie.

Die Natur zu entdecken und wie sie sich im Laufe der Jahreszeiten verändert, ist an den Bäumen besonders eindrücklich zu beobachten. Wir können uns an den grünen und blühenden Bäumen im Sommer erfreuen. In den Wochen davor haben wir erlebt, wie auf der Erde Gras und Kraut und fruchtbare Bäume wachsen, wie es in der Schöpfungsgeschichte in 1. Mose 1,11 und 12 beschrieben ist. *„Und Gott sah, dass es gut war"*, steht da. Wir sehen, wie wunderschön die Natur ist, und wie gut uns ihr Anblick tut.

Die Veränderung der Natur wird den Kindern deutlich, wenn wir mit ihnen über das Jahr hinweg die Bäume beobachten. Im Herbst kann mit 1. Mose 1,11 ein Gottesdienst gefeiert werden, in dem mit den heruntergefallenen Blättern gespielt wird.

So wie den Kindern von ihren Begleitpersonen bei einem Spaziergang etwas gezeigt wird und sie sich über jeden Stock und jeden Stein freuen können, so zeigen wir ihnen nun auch die Kirche und sie hören, was Menschen mit Gott und mit Jesus erlebt haben. Die Kirche gehört nun selbstverständlich zu ihrem Lebensraum dazu. An diesem Ort lernen sie Geschichten aus der Bibel kennen. Sie ist das Buch, in dem Geschichten erzählt werden, die Menschen mit Gott erlebt haben. Bevor sie aufgeschrieben wurden, wurden sie erzählt. Wenn wir vor dem Altar im Kreis sitzen und uns Bibelgeschichten erzählen, dann muss ich daran denken, wie in der Zeit des Alten Testamentes das Volk Israel noch auf Wanderschaft war und die Menschen in Gruppen am Lagerfeuer zusammensaßen und sich ihre Erfahrungen mit Gott in Geschichten erzählten.

Dadurch bekamen sie Halt in einer fremden Welt. Auch für unsere kleinen Kinder ist zunächst viel Fremdes auf der Welt, und es geht darum, dass sie Halt und Orientierung finden. Das gilt für Erwachsene ebenso.

Geschichten von Jesus – erzählte Christologie

Zu den Geschichten, in denen die Kinder etwas von Jesus erfahren, bekommen sie einen Zugang, wenn in ihnen wenigstens ein Element aus ihrer Erfahrung auftaucht.

Zu der Erzählung von Jesu Geburt in Lukas 2,1-14 haben sie einen unmittelbaren Zugang, weil das Baby an sich für sie sehr anschaulich ist. Die Themen Geburt und Geburtstag sind ihnen vertraut.

In dieser Geschichte nun erfahren sie, wer Jesus ist. Sie lernen ihn als ein besonderes Kind kennen. Er ist Gottes Sohn. Das unterstreicht auch die Geschichte von den drei Weisen, den Sterndeutern, die von weit herkommen, dem Stern folgen und Jesus anbeten.

Dass Jesus für uns besonders wichtig ist, steht beim Osterfest im Mittelpunkt. Das Osterfest gleichzeitig als das größte Überraschungsfest zu erleben, knüpft unmittelbar an die Lebenswelt der Kinder an, weil Ostern durch das Suchen und Finden von Überraschungen in Haus und Garten geprägt ist. Diese Überraschungsfreude mit der Bibelgeschichte Markus 16,1-8 zu verknüpfen, ist mir wichtig, weil darin die Lebenswelt der Kinder und die Geschichte von der Auferstehung Christi miteinander verbunden werden können.

Was Jesus vermag und dass er ein außergewöhnlicher Mensch ist, nämlich Gottes Sohn, können die Kinder durch die Geschichten „Sturmstillung Jesu" in Markus 4,35-41 und „Fischfang des Petrus" in Johannes 21 spielerisch erleben. An den Sturm und das Geschaukeltwerden, an die Angst und Geborgenheit in der einen, an Hunger, Brot und Fische in der anderen Geschichte können die Kinder anknüpfen. Sie erfahren zugleich: was Jesus sagt, das geschieht!

Wir brauchen Hilfe – Der Heilige Geist

Gerade die Kleinsten erfahren, dass sie vieles nicht allein schaffen. Etwas zu Ende zu bringen erfordert Hilfe. Sie lassen sich gerne einen Turm aufbauen, um ihn dann wieder kaputt zu machen. Daran haben sie viel Freude. Wollen sie ihn aber aufbauen, dann brauchen sie Hilfe.

Die Geschichte vom Turmbau zu Babel zeigt, dass Menschen es – ohne Gottes Hilfe – nicht schaffen, den Turm zu Ende zu bauen. Sie sind zerstritten und können sich nicht verständigen. Am Pfingstfest feiern wir, dass Gott uns seinen Heiligen Geist als Hilfe schickt. Durch ihn verstehen sich Menschen unterschiedlichster Herkunft und Sprache. Sie können gemeinsam Kirche bauen. Pfingsten wird die Geburtsstunde der Kirche gefeiert. Anschaulich wird das, indem wir alle gemeinsam, Erwachsene und Kinder, in dem Gottesdienst aus den Steinen des eingestürzten Turmes eine Kirche bauen.

Selbstvertrauen entwickeln: „Versuch es noch einmal!"

Jesus sagt zu Petrus, als sein Fischzug erfolglos bleibt: *„Versuch es noch einmal!"* (Joh 21). Das gehört zur Lebenserfahrung der Kinder: Sie möchten etwas erreichen, probieren es aus und es misslingt. Dann brauchen sie jemanden, dem sie vertrauen und der es ihnen zutraut, es erneut auszuprobieren. Dieses Zutrauen stärkt ihre Persönlichkeit, ihr Selbstvertrauen.

Ernährt werden

Nahrungsaufnahme ist ein elementares Bedürfnis des Menschen. In den ersten Lebensmonaten sind Trinken und Schlafen neben der liebevollen Zuwendung die entscheidenden Themen im Leben eines Kindes. Nahrungsaufnahme und Zuwendung durch einen Erwachsenen gehören beim

Stillen oder Flaschegeben zusammen. Am Erntedankfest danken wir Gott für das, wovon wir leben. Es ist eine Gabe und wird nicht als selbstverständlich angesehen. Gott zu danken gehört zur Grundhaltung des christlichen Glaubens und kann den Umgang miteinander prägen. Es wird aber erst durch Einüben kennengelernt. Im Erntedankgottesdienst wird es ritualisiert und dieser gibt einen Impuls für das Danken im Alltag.

Wachsen

„Bist du groß geworden!" Diesen staunenden Ausruf der Erwachsenen hören die Kinder oft. Wachsen ist für sie ein immerwährendes Thema. Und mit drei Jahren heißt es oft schon: „Ich bin groß!" Es bietet sich an, einen Gottesdienst zum Thema „Wachsen" zu feiern. Beim Propheten Jeremia steht im 17. Kapitel in den Versen 7 und 8: *„Wer sich auf Gott verlässt, ist wie ein Baum gepflanzt am frischen Wasser, der seine Wurzeln zum Bach hin streckt. Denn obgleich die Hitze kommt, fürchtet er sich doch nicht, sondern seine Blätter bleiben grün; und er sorgt sich nicht, wenn ein dürres Jahr kommt, sondern bringt ohne Aufhören Früchte."*

Am frischen Wasser kann der Baum gut wachsen, gedeihen und Früchte bringen.

Unseren Kindern wünschen wir die besten Wachstumsbedingungen. Sie sind als Getaufte wie ein solcher Baum. Sie können von dem frischen Wasser der Taufe her wachsen. Mit diesem Bibelwort kann ein Bezug zu ihrer Taufe hergestellt werden. Die Taufe, an die sich ein Kind selbst nicht erinnern kann, wenn es als Baby getauft wurde, wird so ins Leben gezogen.

Für Martin Luther gehörte es zum Leben eines Christen, dass er täglich „in seine Taufe kriecht". Daraus kann er Kraft schöpfen, auch wenn dürre Zeiten im Leben kommen.

In den schlimmsten Zeiten der Anfechtung hat er sich in großen Buchstaben auf seinen Schreibtisch geschrieben: „ICH BIN GETAUFT!"

Namen

Noch bevor die Kinder sprechen können, reagieren sie auf ihren Namen. Erst ab ungefähr zwei Jahren beginnt ein Kind, von sich in der Ich-Form zu sprechen. Davor sagt es seinen Namen, wenn es sich selbst meint.

Unsere Gottesdienste beginnen mit einem Begrüßungslied, in dem jedes Kind mit Namen besungen wird. Es ist immer wieder schön, sich die Reaktionen der Kinder anzusehen. Schon die Kleinsten freuen sich, wenn sie ihren Namen hören. Das geht auf jeden Fall noch bis zum Alter von drei Jahren. Bei einigen Vier- und Fünfjährigen habe ich erlebt, dass sie sich in dem Moment, wenn ihr Name gesungen wird, hinter einem Erwachsenen verstecken. Ihnen scheint es peinlich zu sein, vor der Gruppe „aufgerufen" zu werden.

In der Geschichte von dem Zöllner Zachäus in Lk 19,1-10 spielt der Name eine wichtige Rolle. Zachäus versteckt sich und will nicht gesehen werden. Da ruft Jesus seinen Namen! Gott kennt alle unsere Namen. Von ihm mit Namen gerufen zu werden, verändert unser Leben. Zum ersten Mal ruft Gott uns in der Taufe bei unserem Namen! Das verändert unser Leben!

Geburtstag

Der eigene Geburtstag ist für ein Kind neben dem Weihnachtsfest der aufregendste Tag im Jahr. Schon beim ersten Geburtstag erlebt es diese Aufregung und später folgt die Vorfreude auf kommende Geburtstage. In den Eltern-Kind-Gruppen habe ich oft erlebt, dass Geburtstagskinder besonders geehrt werden, indem ihnen eine Krone aufgesetzt, eine Kerze angezündet und ein Lied gesungen wird.

Wenn wir in unserer lutherischen Kirche den Geburtstag von Martin Luther am 10. November feiern, wird den Kindern schnell klar: Weil jemand Geburtstag hat, geschieht heute etwas Besonderes.

Angst

Die Angst der Kinder ernst zu nehmen und ihnen beim Umgang damit zu helfen, ist eine wichtige erzieherische Aufgabe und kann als Thema im Gottesdienst aufgegriffen werden. Angst gehört zum Leben dazu und ist für die Kinder ein bedeutender Faktor in ihrer Persönlichkeitsentwicklung.

In der Geschichte „Daniel in der Löwengrube" (Daniel 6) symbolisiert der Löwe das, was Angst macht und bedrohlich ist. Löwen sind für Kinder faszinierende Tiere.

Die Idee, einen Gottesdienst zu dieser Geschichte zu feiern, kam von den Müttern selbst. Das hatte mich zunächst erstaunt, weil ich es oft erlebt habe, dass Eltern alles Bedrohliche von ihren kleinen Kindern fernhalten möchten.

In dieser Geschichte erleben die Kinder, dass Daniel in einer Situation, die eigentlich beängstigend ist, ruhig bleibt und Kraft bekommt, indem er zu Gott betet. In Situationen, die uns beunruhigen, kann Gott uns Halt und Ruhe schenken. *„Rufe mich an in der Not, so will ich dich erretten, und du sollst mich preisen"*, heißt es in Psalm 50,15.

In der Geschichte von der Sturmstillung (Mk 4,35-41) können die Kinder erleben, dass erwachsene Männer Angst haben. Die Jünger bekommen Angst, als die Wellen das Boot hin- und herschaukeln. Jesus schläft. Als sie ihn dann wecken, hilft er ihnen, indem er die See beruhigt. Jesus hilft ihnen in ihrer Angst.

Nicht allein sein

Allein sein macht den Kindern Angst und es dauert, bis sie dazu in der Lage sind, einige Zeit allein zu sein, und trotzdem bleiben sie oft ängstlich dabei. Liegen sie im Bett und sind im Dunkeln aufgewacht und niemand ist da, rufen sie gerne nach der Mutter oder dem Vater. Wenn dann ein Gesicht über ihnen erscheint, das sie anlächelt, ist schnell alles wieder gut. Wird das Kind dann auf den Arm genommen, fühlt es sich von allen Seiten geborgen und beschützt.

In Psalm 139,5 heißt es *„Von allen Seiten umgibst du mich und hältst deine Hand über mir."* Dass Gott ein Leben lang und darüber hinaus für uns da ist und seine Hand über uns hält, davon spricht dieses Psalmwort und es tut nicht nur den Kindern, sondern auch den Erwachsenen gut, dies zu erfahren. Schön wäre es, wenn wir uns dann unbewusst an die Begleitung in unserer Kindheit erinnern könnten. Der Körper vergisst nie! Das haben neuere neurowissenschaftliche Forschungen ergeben. Auch wenn wir uns nicht bewusst an die Zeit der frühesten Kindheit erinnern, geschieht das doch unbewusst durch unseren Körper, durch „das Gedächtnis des Körpers", wie Joachim Bauer es in seinem gleichnamigen Buch ausführt.

Die Kirchengemeinde kann die Eltern bei ihrer verantwortungsvollen Aufgabe unterstützen, für ihre Kinder in den ersten Lebensjahren da zu sein!

Eigene Wege gehen

Für die Entwicklung eines Kindes ist es wichtig, dass es lernt, eigene Wege zu gehen, und sich nach und nach von seinen Eltern zu entfernen. Zunächst ist es im Haus ein anderer Raum, in dem das Kind spielt, aber es weiß, dass sich nebenan jemand aufhält, zu dem es gehen könnte, wenn es wollte. Dann traut es sich, in die Nachbarschaft zu gehen. Dort kann es mit anderen Kindern spielen, weil es sicher ist, dass die Mutter oder der Vater zuhause sind. Oder es verbringt eine Nacht bei den Groß-eltern, ist sich aber sicher, dass es wieder nach Hause kommen kann. So werden die Wege immer länger. Es geht in den Kindergarten, die Schule, und als Erwachsener dann ganz fort von zuhause, aber es bleibt ein Leben lang eine beruhigende Erfahrung, wenn man weiß, dass da noch Eltern sind, die einen willkommen heißen und zu denen man kommen kann.

In der Geschichte vom „verlorenen Sohn" wird dieses Thema auf die Spitze getrieben. Unter Menschen wäre solch ein gütiger Vater höchst selten, weil wir uns schwer tun, mit Enttäuschungen und Verletzungen umzugehen. Gott aber ist anders! Er ist wie ein gütiger Vater. Zu ihm kann der verlorene Sohn jederzeit zurückkehren. Er wird mit großer Freu-de und offenen Armen empfangen, und er bekommt alle seine Rechte wieder, die er eigentlich schon verloren hatte. Nun wird Gott als gütiger Vater zu einem Leitbild für die Eltern.

Wie erzählen wir die Bibelgeschichten?

Die Kinder unter drei Jahren entwickeln erst ihren Sprachschatz. Dabei begleiten wir sie, indem sie durch unsere Geschichten Weiteres kennen-und benennen lernen.

Was sie noch nicht kennen gelernt haben, können sie sich nicht genau vorstellen. Sie haben aber eine große Fantasie, die wir nur anzuregen brauchen. Wir müssen mit Gegenständen anschaulich erzählen. Wenn von einem Fisch die Rede ist, haben wir möglichst etwas dabei, was an einen Fisch erinnert oder ihn direkt zeigt. Als grüne Wiese breite ich ein grünes Tuch aus und sage: „Das ist eine grüne Wiese." Dann stelle ich ein Holz-Schaf darauf und lasse es Gras fressen. Durch die Fantasie der Kinder ist dort in dem Moment tatsächlich eine grüne Wiese.

Sie lernen in dem Alter erst die Farben kennen und brauchen für ihre innere Vorstellung eine kleine Unterstützung.

Die Kinder hören aufmerksam zu, wenn wir in kurzen Sätzen frei erzäh-len und Gegenstände ins Spiel bringen. Lesen wir etwas von einem Zettel ab, können sie es nicht so gut aufnehmen, als wenn wir es frei erzählen. Es ist auch nicht günstig, dass eine Person die Figuren bewegt und die andere die Geschichte vorliest. Lieber frei erzählen, selbst die Figuren setzen und dabei etwas vergessen. Dann kommt immer noch mehr bei den Kindern an, als wenn man alles vorgelesen hätte. Mut zur Lücke! Mut zur Spontaneität! Mut zu eigenen Formulierungen! Dadurch wird die Geschichte in dem Moment für alle lebendig. Das Hier und Jetzt zählt! Die Botschaft, die mit dem Erzählen der Geschichte vermittelt werden soll, sollte in einem Satz formuliert werden können. Er macht diese Art des Bibelerzählens zur direkten Ansprache, zu einer Art „Predigt". Dieser Satz deutet den Kindern und Erwachsenen die Geschichte und kann mit nach Hause genommen werden, falls sie zuhause darüber sprechen möchten.

Beim Erzählen der Geschichte sollten möglichst viele Sinne der Kinder beteiligt werden, damit sie etwas erleben können. Spiel-Figuren veranschaulichen die Erzählung und begleiten das Erzählen mit Aktionen. Dabei werden die Kinder zum Mitspielen der Geschichte angeregt.

Auf diese Weise des Bibelerzählens wird Gott ins Spiel gebracht. Dabei wird die Welt der Kinder und Gottes Wirklichkeit im Spiel miteinander verbunden. Durch das Spielen im Gottesdienst wird dem Kind ein Zugang zu biblischen Geschichten und ihre Aneignung ermöglicht und somit eine Verschränkung von Gottes Wirklichkeit mit der des Kindes herbeigeführt.

Der Theologe Peter Biel beschreibt die theologische Bedeutung des Spiels in seinem Aufsatz „Kinder erspielen Wahrheit". Er verweist darauf (S. 57), dass das Spiel zu den „Grundphänomenen" des menschlichen Daseins gehöre und betont, dass ihm für die Subjektwerdung in der frühen Kindheit eine bedeutende Rolle zukomme.

Auch nach dem Gottesdienst besteht beim gemeinsamen Zusammensein im Gemeindehaus die Möglichkeit, dass die Kinder, wenn sie mögen, frei mit den Figuren aus der Geschichte spielen können. Das erschien mir oft wie ein Predigtnachgespräch: Das Kind greift nach dem Schaf, lässt es auf der grünen Wiese Gras fressen. Ein anderes größeres Kind, etwa vier Jahre alt, nahm den Hirten und sagte: „Gott." Das sind nur Bruchstücke der Geschichte. Deutlich ist aber, die Kinder nehmen etwas mit und verbinden damit Kirche, Gottesdienst, Gott, Bibel, eben den Kontext, in dem sie diese Geschichte erlebt haben.

Wie Erwachsene sich manchmal nach einer Predigt darüber unterhalten, so ist das Spiel die Art und Weise der Kinder für ein „Predigtnachgespräch". Erwachsene reden über Bibelgeschichten, Kinder spielen sie!

Das Erzählen der Geschichte sollte mit möglichst einfachen Mitteln begleitet werden. Dazu können wir einfach durch das Kinderzimmer oder den Garten gehen und Dinge aussuchen, die zur Geschichte passen. Wenn ich selbst keine Arche Noah besitze, dann hat sie vielleicht eine andere Person aus der Eltern-Kind-Gruppe.

Wenn bei der Vorbereitung noch Zeit ist, kann ein Erinnerungsstück gebastelt werden, das an die Bibelgeschichte erinnert.

Die Kinder nehmen es gerne mit nach Hause und platzieren es in der Küche oder in ihrem Kinderzimmer. Auf jeden Fall wird es stolz den Geschwistern, dem Vater oder der Mutter und den Großeltern gezeigt und bringt dadurch den Gottesdienst am Esstisch ins Gespräch.

So können einfache Dinge zu Anregungen für die familiäre Spiritualität werden.

2. Die Gottesdienstvorbereitung

Entsteht in der Eltern-Kind-Gruppe der Wunsch, einmal im Monat oder in einem anderen Rhythmus während der Gruppenstunde einen Gottesdienst in der Kirche zu feiern, kann sie an das Pfarramt herantreten. Das Pfarramt kann aber auch von sich aus auf die Gruppe zugehen und sie auf die Möglichkeit dieser Gottesdienste aufmerksam machen und anbieten, sie in der Eingangsphase aktiv zu begleiten und sie dann später aus dem Hintergrund heraus zu unterstützen.

Es könnte dann gemeinsam überlegt werden, wer Lust hat, in einem Gottesdienstteam mitzuarbeiten. Wer könnte sich vorstellen, die Gebete einzuleiten? Wer hätte Lust die Geschichte zu erzählen? Wer könnte die Lieder anstimmen?

Vielleicht könnten die Pastorin oder der Pastor die ersten zwei bis drei Gottesdienste begleiten oder gar selbst den Verkündigungsteil übernehmen. Kann das Pfarramt auf Dauer nicht gewährleisten, die Gottesdienste zu übernehmen, sollte von Anfang an abgesprochen werden, dass sie von Ehrenamtlichen durchgeführt werden.

Das Pfarramt bespricht mit dem Kirchenvorstand die Einführung eines solchen Gottesdienstes und beauftragt ein Gottesdienstteam. Die Küsterin oder der Küster erläutert dem Team den Umgang mit der Kirche, den Glocken und den Altarkerzen.

Die Gottesdiensttermine sollten vorher dem Pfarramt und dem Küster oder der Küsterin mitgeteilt werden. Sie können im Gemeindebrief und im Schaukasten der Kirchengemeinde veröffentlicht werden. Die Anschaffung von Teppichfliesen könnte gemeinsam mit dem Pfarramt überlegt werden, auch ob es einen Abstellplatz für sie in der Kirche gibt.

In der Woche vor dem Gottesdienst wird während der Gruppenstunde gemeinsam gebastelt, was für den Gottesdienst benötigt wird. Die Gruppe bespricht die Verteilung der Aufgaben für die Gottesdienstdurchführung und wer was zum Erzählen der Geschichte mitbringt. Wer die Geschichte erzählt, sollte sie für sich zuhause vorher einmal üben und versuchen, sie beim Bewegen der Figuren frei zu erzählen. Einer freien Erzählung, die zum Mitspielen anregt, hören die Kinder am liebsten zu. Die Gottesdienstentwürfe in diesem Buch dienen als „Vorlage", d.h. man orientiert sich an ihnen, muss sie aber nicht wörtlich übernehmen.

Jeder Erwachsene sollte einen Liederzettel und die Gebete bekommen, damit er zuhause einstimmen kann, wenn das Kind plötzlich beginnt, ein Lied aus dem Gottesdienst zu singen oder das Gebet einfordert. Der Zettel ist aber für zuhause bestimmt. Der Gottesdienst wird möglichst frei und ohne Zettel durchgeführt, damit wir die Hände frei haben für die Kinder und die Aktionen. Höchstens das Lied nach der Geschichte wird auf einem Liedblatt verteilt. Alle anderen Lieder werden im Laufe der Zeit automatisch auswendig gesungen, weil sie immer wiederkehren. Wiederholungen sind gut für die Atmosphäre im Gottesdienst. Die Kinder erkennen die Lieder wieder. Dadurch bekommen sie das Gefühl von Vertrautheit und Sicherheit in dieser Situation. Singen macht Freude und erhebt unser Herz zu Gott. Es kommt dabei nicht auf Perfektion an.

An dem Tag, an dem der Gottesdienst stattfindet, gehen ein oder zwei Personen vorher in die Kirche. Sie sehen zunächst nach, ob der Fußboden vor dem Altar noch gefegt werden muss, denn dort wollen wir sitzen und die Geschichte erzählen. Danach werden die Teppichfliesen in einer Art Halbkreis vor der Treppenstufe des Altars im Chorraum ausgelegt. Auf der Treppenstufe sitzt diejenige Person, die die Geschichte erzählt. Sie braucht neben sich zu beiden Seiten ein wenig Platz. Der Kreis sollte so groß sein, dass wir uns in ihm bewegen können. Der Kirchenraum wird „krabbelsicher" gemacht. Die Taufkerze, die sich auf einem hohen Kerzenständer befindet, und andere mögliche Gefahrenquellen werden weggestellt. Streichhölzer sollten parat sein. Die Kerzen können schon angezündet sein, bevor die Kinder in die Kirche kommen. Das Anfangssignal für den Gottesdienst in der Kirche ist der Glockenschlag.

Findet der Gottesdienst nicht in der Kirche, sondern im Gemeindehaus oder Kindergarten statt, dann kann mit einem Tisch ein Altar hergerichtet werden, der dann im Rücken der erzählenden Person steht. Der Tisch wird mit einer schönen Tischdecke abgedeckt. Darauf werden drei Kerzen und ein Kreuz gestellt. Wenn keine Glocken als Anfangssignal des Gottesdienstes erklingen, kann das Anzünden der Kerzen zum Signal werden. Dazu werden die Eingangsworte gesprochen, wie sie im Gottesdienstentwurf empfohlen sind. Dass wir den Gottesdienst im Namen Gottes des Vaters, des Sohnes und des Heiligen Geistes feiern, wird durch die drei Kerzen und das Kreuz sichtbar.

Die Dinge, die zum Erzählen der Geschichte benötigt werden, befinden sich in einer weißen Leinentasche neben der Erzählerin vor der Altarstufe. Was dort keinen Platz findet, liegt auf dem Altar, damit die Aufmerksamkeit der Kinder zunächst noch bei der Eingangsliturgie des Gottesdienstes sein kann.

3. Der Gottesdienstablauf

Ankommen und Anrufen: Die Glocken
Wenn der Gottesdienst zur üblichen Gruppenstundenzeit gefeiert wird, ist der Treffpunkt im Gemeindehaus. Sind alle da, werden gemeinsam mit ein oder zwei Kindern die Kirchenglocken angestellt.

Der Gottesdienst beginnt fast nie pünktlich! Die unter Dreijährigen leben noch ohne Uhr. Der Gottesdienst beginnt, wenn wir soweit sind, nicht, wenn die Uhr soweit ist!

Wir gehen unter Glockenklang in die Kirche. Das ist bereits für die Kleinsten ein beeindruckendes Erlebnis! Den meisten gefällt das, aber manche haben Angst vor der Lautstärke. Sie sollten schon vorher mit Begleitung in die Kirche gehen.

Ist der Treffpunkt für den Gottesdienst die Kirche, dann versammeln sich alle vorne im Chorraum. Wenn es soweit ist, dann können alle interessierten Kinder und ihre Begleitpersonen zu den Glocken gehen und sie anstellen. Im besten Fall schauen wir uns draußen die Glocken an, wie sie hin- und herschwingen.

Wir stellen die Glocken wieder ab, gehen zurück und setzen uns in einen Kreis auf die Teppichfliesen direkt vor der Stufe des Altars. Die Glocken schwingen langsam aus.

Das Kind sitzt im Schoß seiner Begleitperson oder hat die Möglichkeit sich zu bewegen. Für diesen Gottesdienst ist es wichtig, dass die Erwachsenen sich auf die Ebene der Kinder begeben und nicht umgekehrt! Wem es aber aus Alters- oder Krankheitsgründen schwerfällt, auf dem Fußboden zu sitzen, nimmt sich einen Stuhl und setzt sich direkt hinter die Gruppe. Dass wir den Gottesdienst gemeinsam feiern, drückt bereits die Sitzordnung aus. Keiner sollte eine Beobachtungsrolle in der Kirchenbank übernehmen. Außerdem ist es für die Kinder wichtig, alle Teilnehmenden sehen zu können.

Das spricht für den Gottesdienst in dieser kleinen Form im Dreiviertelkreis vor dem Altar. Die Kinder können jederzeit in die Gesichter der anderen Kinder und Erwachsenen sehen. Der Theologe Gerhard Büttner bezeichnet das als eine wichtige Voraussetzung für das „Glauben-Lernen".

Begrüßung und Votum
Gerade habt ihr die Glocken gehört. Sie rufen, „komm, komm, komm in die Kirche zum Gottesdienst"! *(Beim Erzählen mit dem Oberkörper wie*

eine Glocke hin und her schwingen.)
Herzlich willkommen in eurer Kirche!

Wir feiern diesen Gottesdienst
im Namen Gottes des Vaters, der uns lieb hat,
im Namen des Sohnes, der immer für uns da ist,
und im Namen des Heiligen Geistes, der uns Kraft gibt. *(Muskeln zeigen.)*

1. Begrüßungslied

Es wird das übliche Begrüßungslied der jeweils besuchten Eltern-Kind-Gruppe gesungen. Es ist für die Kinder das Signal dafür, dass die Gruppe wie sonst auch zusammenkommt, nur dass sie sich jetzt in der Kirche versammelt. Wichtig ist, dass in dem Lied jedes Kind mit seinem Namen besungen wird. So wird es persönlich angesprochen. Schon die Kleinsten kennen ihren Namen, noch bevor sie sprechen können. Es sollte jedes Mal dasselbe Lied gesungen werden, damit es zum Signal für die Kinder wird, dass der Gottesdienst beginnt. Möglich wäre folgendes Lied, das nach der Melodie „Ein Schneider fing 'ne Maus" gesungen wird. Dazu wird im Takt geklatscht: „Der Timo, der ist da, der Timo, der ist da, lalalalalalalalalalalalalalalalalalala, der Timo, der ist da."

2. Begrüßungslied

(Dieses Lied drückt die Freude über das Kommen der Kinder und Erwachsenen aus und gibt die Absicht unseres Zusammenkommens an.)
Das ist einfach spitze, dass ihr alle da seid.
Bei dem nächsten Lied benötigen wir unseren Daumen. Sucht mal euren Daumen. Vielleicht muss euch noch jemand dabei helfen, ihn zu finden. Bei „spitze" halten wir den Daumen nach oben.
„Spitze, dass du da bist": Da zeigen wir auf jemanden oder tippen ihn an.
Bei „komm wir loben Gott, den Herrn" gehen die Arme nach oben.
(Wir bewegen beide Arme über den Kopf und dann in Halbkreisbewegungen nach außen und lassen die Hände vor dem Bauch wieder zusammentreffen.)
Lasst uns das Lied zusammen singen:
„Einfach spitze, dass du da bist, einfach spitze, dass du da bist, einfach spitze, dass du da bist, komm wir loben Gott den Herrn."

Eingangsgebet

Mit unseren Liedern loben wir Gott und in unseren Gebeten sprechen wir mit Gott.

Wenn wir beten, dann falten wir die Hände. *(Zeigen, wie gefaltete Hände aussehen und den Kindern Zeit dafür geben.)*

Ich spreche euch einmal das Gebet vor. Danach können wir es gemeinsam sprechen. Das Gebet endet dann mit „Amen". Das bedeutet: „Genau so ist es".

„Wo ich gehe, wo ich stehe, bist du, Gott, bei mir.

Wenn ich dich auch nicht sehe, weiß ich doch, du bist hier."

Lasst es uns nun gemeinsam sprechen.

(Die Absicht dieses Gebetes ist es, Gottes Gegenwart in diesem Gottesdienst erfahrbar zu machen. Es kann mit in den Alltag hineingenommen werden. Es passt zu jeder Tageszeit. So kann es zu einem gemeinsamen Gebet zuhause werden.)

Verkündigen mit Aktion

Dieser Teil ist variabel. Hier wird einer der folgenden Gottesdienstentwürfe eingebaut.

An dieser Stelle wird etwas zum Thema des jeweiligen Gottesdienstes auf kindgerechte Weise erzählt und gespielt. Die Erzählung wird mit Anschauungsmaterial und einer Aktion begleitet. Dazu können auch einzelne Teile des Kirchenraums betrachtet werden. Die biblische Geschichte wird immer in Form eines dazu passenden Liedes weitergeführt.

Nach dem Verkündigungsteil wird in der Mitte des Gottesdienstes getanzt, geklatscht und gehüpft. Das Bewegungslied „Heut ist ein Tag, an dem ich froh sein (tanzen, klatschen, hüpfen) kann" kommt dem Drang der Kinder nach Bewegung entgegen und gerade beim Tanzen kommt die Freude darüber am besten zum Ausdruck, was Gott in der jeweiligen Geschichte für uns getan hat. (Falls ich dieses Lied vergessen sollte zu singen, wird es schon von den Eineinhalbjährigen eingefordert.)

Gebet und Segen

(Wir setzen uns wieder hin.)

Jetzt lasst uns zum Abschluss unseres Gottesdienstes gemeinsam das Vaterunser beten, den Segen Gottes empfangen und das Schlusslied singen.

Lasst uns beten:

„Vater unser im Himmel. Geheiligt werde dein Name. Dein Reich komme. Dein Wille geschehe, wie im Himmel so auf Erden.
Unser tägliches Brot gib uns heute. Und vergib uns unsere Schuld, wie auch wir vergeben unsern Schuldigern. Und führe uns nicht in Versuchung, sondern erlöse uns vom Bösen. Denn dein ist das Reich und die Kraft und die Herrlichkeit in Ewigkeit. Amen."

Segen

Der Segen kann mit einem Lied eingeleitet werden. Es gibt verschiedene Möglichkeiten:

1.) EG 168 Strophe 4: „Wenn wir jetzt weitergehen, dann sind wir nicht allein. Wenn wir jetzt weitergehen, dann sind wir nicht allein. Der Herr hat uns versprochen, bei uns zu sein. Der Herr hat uns versprochen, bei uns zu sein."

2.) EG 608 mit folgendem Text (mündlich überliefert): „Das wünsch ich mir, dass immer einer bei mir ist. Das ist gewiss, dass immer einer bei mir ist."

3.) „Gott, du bist mein Zelt. Auf allen meinen Wegen bist du mir Raum, der mich beschützt. Hab Dank für deinen Segen."

Wer segnet, muss eine zu ihm und zur Gruppe passende Segensform finden. Im Folgenden werden verschiedene Vorschläge vorgestellt:

1. Trinitarischer Segen:

„Der Herr, unser Gott, behüte euch auf all euren Wegen. Es segne und behüte Euch Gott, der Vater, der Sohn und der Heilige Geist. Amen."

2. Aaronitischer Segen:

(Die Kinder sitzen auf einem Bein des Erwachsenen und können in sein Gesicht sehen und nach vorne zu demjenigen, der den Segen spricht.) Lasst uns Gottes Segen empfangen und ihn weitergeben. Ich bitte Sie, eine Hand sanft auf den Kopf Ihres Kindes zu legen oder darüber zu halten.

Im Segen erfahren wir Gott wie einen, der uns so freundlich ansieht wie ein Vater oder wie eine Mutter. Nun empfangt den Segen Gottes:
Der HERR segne dich und behüte dich. Der HERR lasse sein Angesicht leuchten über dir und sei dir gnädig.

Der HERR erhebe sein Angesicht auf dich und gebe dir Frieden.
Amen.
(Entworfen von Dirk Schliephake und Hannegreth Grundmann)

3. Aaronitischer Segen zum Mitmachen:
Gottes Hand behüte dich. *(Hände auf den Kopf des Kindes legen.)*
Gottes Hand umfange dich. *(Das Kind links und rechts an den Oberarmen halten.)*
Gottes Hand trage dich. *(Das Kind hochheben.)*
(Die Hand auf den Kopf des Kindes legen und eine oder einer spricht den aaronitischen Segen.)
Der HERR segne dich und behüte dich. Der HERR lasse sein Angesicht leuchten über dir und sei dir gnädig.
Der HERR erhebe sein Angesicht auf dich und gebe dir Frieden.
Amen.

Schlusslied
Im Stehen singen wir das Schlusslied mit Bewegung: „Gottes Liebe ist so wunderbar."

4. Gottesdienstentwürfe für das Kirchenjahr

Advent und Weihnachten (Dezember)

Auf dem Weg zum Weihnachtsfest (Lukas 2,1-14)
Geburt – Vorfreude auf einen Geburtstag

Vorüberlegungen
In der Adventszeit nehmen die kleinen Kinder die geschmückten Straßen und Häuser wahr. Zuhause werden Vorbereitungen für das Weihnachtsfest getroffen. Mit dem Gottesdienst wollen wir sie auf dem Weg zum Weihnachtsfest begleiten. Dabei möchten wir ihnen nahebringen, was Weihnachten gefeiert wird: der Geburtstag von Jesus. Geburtstagsfeiern sind schon den Kleinsten vertraut.

Viel ansprechender und elementarer ist allerdings die Erfahrung, dass sie erst im Bauch ihrer Mutter waren, wie Maria mit Jesus schwanger war. Auch sehen die Kinder in der Krabbelgruppe schwangere Frauen, oder sie warten gerade selbst auf eine Schwester oder einen Bruder.

Material
Maria, Josef und einen Esel als Krippenfiguren und ein braunes Tuch in einer Stofftasche mitbringen. In der Kirche umschauen, ob ein Adventskranz vorhanden ist (sonst mitbringen), die entsprechende Kerze während der Erzählung anzünden.

Verkündigen mit Aktion
Seht mal her: Hier ist der Adventskranz! Wir können heute schon die erste Kerze anzünden. *(Die erste oder zusätzlich die zweite/dritte/vierte Kerze anzünden, je nachdem, wann der Gottesdienst gefeiert wird. Wenn der Adventskranz zu weit oben hängt, dann schon vor dem Gottesdienst anzünden und bei der Erzählung darauf zeigen.)*

Der Adventskranz zeigt uns den Weg zum Weihnachtsfest. Noch drei (zwei/eine) Kerzen müssen wir anzünden, dann ist Weihnachten.

Heute Morgen habt ihr sicher eine Überraschung im Adventskalender gefunden. *(Erzählen lassen, wie viele Türchen die Kinder schon aufgemacht haben.)*

Wenn ihr Geburtstag habt, dann seid ihr vorher auch schon aufgeregt und fragt: „Wie oft muss ich noch schlafen?" Ihr müsst dann noch warten, bis der Geburtstag endlich da ist, freut euch darauf und seid ganz gespannt, welche Geschenke es dann gibt.

In der Adventszeit warten wir auf einen besonderen Geburtstag. Wir warten darauf, dass ein ganz besonderes Kind geboren wird.

Ihr kennt das: Wenn ein Baby geboren werden soll, dann muss es vorher erst mal im Bauch der Mutter wachsen. Der Bauch wird dann immer größer und größer. *(Auf eine schwangere Frau in der Gruppe hinweisen, wenn eine anwesend ist.)*

Man kann das Baby sogar fühlen. Manche von euch haben das bestimmt erlebt, als eure kleine Schwester oder euer kleiner Bruder noch im Bauch war. Da habt ihr eure Hand auf den Bauch der Mama gelegt und gefühlt, ob das Baby sich bewegt.

Ich will euch nun erzählen, auf welches Baby wir alle warten.

Schaut mal her *(Maria aus der Stofftasche nehmen, die bisher wie versteckt unter den Beinen der Erzählerin lag, hochhalten, zeigen und dann auf den Fußboden stellen)*: Das ist Maria. Sie ist schwanger und trägt das Baby schon im Bauch.

(Josef aus der Tasche nehmen und dabei erzählen) Sie ist mit Josef auf dem Weg nach Bethlehem. Da soll das Baby zur Welt kommen.

(Braunes Tuch schmal als Weg hinlegen, auf dem dann die beiden gehen.)

Zum Glück haben sie einen Esel dabei. *(Esel herausnehmen und dazustellen.)*

Marias Bauch ist schon groß und schwer geworden. Es fällt ihr nicht mehr leicht, den weiten Weg zu Fuß zu gehen. Ab und zu setzt sie sich mal auf den Esel. *(Maria auf den Esel setzen. Und nun mit den Krippenfiguren auf dem Weg weitergehen.)*

Bald wird ihr Baby geboren. Maria weiß schon, welchen Namen es bekommen soll: Es soll „Jesus" heißen. Das bedeutet „Retter" und „Helfer". Es ist ein ganz besonderes Kind. Es ist Gottes Sohn. Gott schickt seinen Sohn zu uns, weil er uns alle liebt.

Wir warten nun alle auf den Geburtstag von Jesus. Dann feiern wir ein großes Fest, das Weihnachtsfest, weil wir uns so sehr darüber freuen, dass Gott uns lieb hat. Das feiern wir Weihnachten. Dann feiern wir jedes Jahr den Geburtstag von Jesus. Da gibt es Geschenke für uns alle.

In der Adventszeit warten wir auf Weihnachten. Wir bereiten alles vor und freuen uns sehr auf dieses Fest. Es ist eine spannende und aufregende Zeit. Noch drei (zwei/eine) Kerzen müssen wir anzünden auf dem Adventskranz, dann ist Weihnachten endlich da!

Aktion
Die Kinder die Geschichte mit den Figuren nachspielen lassen.

Lied: EG 17 „Wir sagen euch an den lieben Advent" *(Die erste Strophe für jede Kerze wiederholen.)*

Erinnerung an diesen Gottesdienst
Jedem Kind wird zum Abschied eine aus Butterkeksen gebastelte Krippe geschenkt. Dazu werden jeweils drei Butterkekse, Zuckerguss, drei Gummibären als Figuren benötigt. Die Krippe wird in Frischhaltefolie verpackt, die oben mit einem Kräuselband zusammengebunden wird.

Heiligabend/Weihnachten/Epiphanias
(Dezember/Januar)

Stern (Matthäus 2,1-12)

Vorüberlegungen

In der Advents- und Weihnachtszeit haben die Kinder viele Sterne als Schmuck in den Häusern gesehen. Kommen sie in die Kirche, dann entdecken sie dort auch einen Stern. Viele Kirchen sind mit einem großen beleuchteten sogenannten „Herrnhuter Stern" geschmückt. In manchen ist sogar die Kanzel mit Sternen verziert. In einigen Kirchen ist statt einer Taube ein Stern im Kanzeldeckel zu finden. Dieser Gottesdienst begleitet die Kinder in einer besonderen Kirchenjahreszeit und macht ihnen mit einem kirchenpädagogischen Element den Kirchenraum vertrauter, indem sie gemeinsam mit den Erwachsenen den Stern in ihrer Kirche suchen.

Für jeden wird ein kleiner Stern zum Mitnehmen gebastelt und außerdem werden Keks-Sterne für das gemeinsame Teetrinken gebacken.

Material

Krippe mit Krippenfiguren: Maria, Josef, Jesus, die drei Weisen, ein bis drei Kamele, drei Geschenke, ein Stern über der Krippe, ein braunes Tuch. Ein riesiger aus goldenem oder silbernem Tonpapier ausgeschnittener Stern in seinen Einzelteilen; ein großer Kreis und acht Strahlen folgendermaßen beschriftet: Im Kreis steht JESUS geschrieben, auf den acht Strahlen jeweils: Liebe, Nähe, Wärme, Treue, Barmherzigkeit, Gerechtigkeit, Güte, Hoffnung. (Dieser Stern macht vor allem den Erwachsenen deutlich, welcher Glanz mit der Geburt Jesu in unsere Welt kommt. Sie werden sicher Zuhause noch von den Kindern auf den Stern angesprochen. Den Kindern wird durch diese Aktion anschaulich werden, dass es in diesem Gottesdienst um den Stern geht.)

Verkündigen mit Aktion

Weihnachten wurde Jesus geboren. In einem Stall ist er zur Welt gekommen. Bei ihm waren seine Mutter Maria und Josef, ihr Mann. *(Krippe mit den Figuren aufbauen.)* Das Baby liegt in einer Futterkrippe, aus der sonst die Tiere fressen.

Über diesem Stall leuchtete ein heller Stern. *(Stern darüber befestigen.)* Er war heller als alle anderen Sterne.

Diesen Stern hatten drei Männer schon lange leuchten sehen. *(Hand über die Augen halten und Ausschau halten.)* Es waren kluge Männer. Sie interessierten sich sehr für Sterne. Sie kamen von weit her. *(Die drei Figuren weit entfernt von der Krippe hinstellen.)*

Sie dachten: Dort bei dem hellen Stern muss etwas ganz besonderes geschehen sein. Dort ist sicherlich ein neuer König geboren worden. Dem neugeborenen Kind wollen wir kostbare Geschenke bringen.

Sie machten sich auf den Weg dorthin. *(Braunes Tuch schmal als Weg hinlegen und die Figuren darauf stellen.)*

Sie nahmen auch ein Kamel mit, denn es war ein weiter Weg. *(Kamel dazustellen.)*

Der Stern zeigte ihnen den Weg. Er ging vor ihnen her. Sie mussten lange gehen. *(Die Figuren auf dem Tuch immer weiter gehen lassen, bis sie bei dem Stall angekommen sind.)*

Endlich sind sie am Stall angekommen. Sie fallen auf die Knie und beten Jesus an. Dann geben sie ihm die Geschenke: Gold, Weihrauch und Myrrhe. Sie spüren: Hier ist ein ganz besonderes Kind geboren worden: Jesus ist Gottes Sohn. Er kommt auf die Welt, weil Gott uns so lieb hat. Alle Menschen auf der ganzen Erde. So wie diese Männer, die von weit her zu Jesus kamen. Der Stern zeigte ihnen den Weg zu Jesus.

1. Aktion

Auch wir haben in unserer Kirche einen Stern. Lasst uns mal den Stern in unserer Kirche suchen und uns auf den Weg machen.

(Alle stehen auf und suchen den Stern. In manchen Kirchen ist ein Stern auf der Kanzel. Er zeigt uns den Weg zu Jesus Christus. Der Stern auf der Kanzel soll verdeutlichen, dass Jesus in der Predigt über die frohe Botschaft von Gottes Liebe zu uns Menschen lebendig wird.

Es kann auch ein Stern aus der Nähe angesehen werden, mit dem die Kirche in der Advents- und Weihnachtszeit geschmückt ist. Während die Gruppe auf dem Weg zum Stern in der Kirche ist, werden die Krippenfiguren wieder eingesammelt.)

2. Aktion

(Die Gruppe nimmt wieder Platz. Die Einzelteile des gebastelten Sterns vom Altar holen, zuerst den Kreis und dann nach und nach die einzelnen Strahlen hinlegen. Dazu folgende Worte sprechen.)

Der Stern leuchtet auch für uns. Er zeigt uns, was Gott für uns getan hat:

An Weihnachten wird Jesus geboren *(Kreis hinlegen)*.
Gott hat uns lieb *(1. Strahl „Liebe" hinlegen)*.
Gott ist uns nahe *(2. Strahl „Nähe")*.
Bei Gott ist es warm *(3. Strahl „Wärme")*.
Gott hält zu uns *(4. Strahl „Treue")*.
Durch Jesus erfahren wir Gottes Barmherzigkeit *(5. Strahl „Barmherzigkeit")*.
Gerechtigkeit *(6. Strahl „Gerechtigkeit")*.
Güte *(7. Strahl „Güte")*
und die Hoffnung auf ein neues Leben mit Gott *(8. Strahl „Hoffnung")*.

3. Aktion
Lasst uns gemeinsam ein Lied von diesem Stern singen.
Ich sage den Text einmal vor und dann sprechen wir ihn gemeinsam:
  „Seht ihr unsern Stern dort stehen, helles Licht in dunkler Nacht.
  Hoffnung auf ein neues Leben hat er in die Welt gebracht.
  Gloria in excelsis Deo." (Text: MKL 130, Melodie: EG 54)

Oder EG 544 „Stern über Bethlehem, zeig uns den Weg"

Erinnerung an diesen Gottesdienst
Als Erinnerung an diesen Gottesdienst bekommt jede und jeder einen
Stern mit nach Hause.
*(Im Anschluss an diesen Gottesdienst können im Gemeindehaus noch
Keks-Sterne beim Tee miteinander gegessen werden.)*

Alternative:

Sturmstillung (Markus 4,35-41)
Angst und Geborgenheit

Vorüberlegungen

Den kleinen Kindern ist es vertraut, getragen und geschaukelt zu werden. Diese Erfahrung kann ihnen den Zugang zur Geschichte von der Sturmstillung eröffnen. Dabei hören sie, dass Jesus eine ganz besondere Person ist. Als seine Jünger in ihrer Angst zu versinken drohen, hilft er ihnen.

Material

Babybadewanne mit Wasser, darunter eine Plastikdecke auf dem Fußboden, ein Boot, Spielfiguren für die zwölf Jünger und Jesus. Eine Wolldecke.

Verkündigen mit Aktion

Ihr seid sicher gern bei Mama oder Papa auf dem Arm! Manchmal schaukeln sie dich hin und her, aber du weißt, mir kann nichts passieren. Bei Mama oder Papa bin ich sicher. Die lassen mich nicht fallen. Auch wenn sie mich noch so stark schaukeln.

Heute will ich euch von Jesus und seinen Jüngern erzählen. Die Jünger, das sind die Männer, die mit Jesus gingen. Einmal kamen sie ganz stark ins Schaukeln. Da wurde es richtig gefährlich. Hört mal zu:

Eines Tages war Jesus mit seinen Jüngern in einem Boot unterwegs. *(Ein Boot in einer Babybadewanne, die mit Wasser gefüllt ist, fahren lassen.)*

Am Abend sind sie in das Boot gestiegen. Jesus und die Männer, die bei ihm waren. Jesus sagte: „Kommt, lasst uns auf die andere Seite des Sees fahren!" Der Tag war bald vorbei und sie stiegen ein. *(Jesus und die zwölf Jünger steigen in das Boot ein.)* Jesus war nach dem langen Tag ganz müde geworden. Er legte sich auf ein Kissen und schlief ein. *(Beide Hände an die Wange legen, die Augen schließen.)*

Als sie nun mitten auf dem See waren, kam ein ganz starker Wind auf. Der blies ihnen um die Ohren. *(Die Eltern können ihre Kinder anpusten, so dass ihnen der Wind um die Ohren pfeift.)*

Das Boot begann hin und her zu schaukeln. *(Die Erwachsenen nehmen ihre Kinder auf den Arm und schaukeln sie hin und her.)*

Die Wellen schlugen immer höher an das Boot. Das Wasser kam nun schon in das Boot hinein. *(Das Wasser in der Schüssel zu Wellen bewegen.)*

Die Jünger bekamen Angst, dass das Boot untergehen könnte. Jesus aber schlief ganz ruhig. Da weckten ihn die Männer. Sie schrien: „Jesus, wir gehen unter! Hilf uns!" Da wachte Jesus auf und sagte: „Habt keine Angst! Ich bin ja da!" Er stand auf und rief zu dem Wind und den Wellen: „Seid still!" Und sofort wurde das Wasser ganz ruhig. Der Wind und die Wellen hörten auf zu toben. *(Die Eltern hören auf zu schaukeln, drücken ihr Kind fest an sich und streicheln ihm über den Kopf.)*
Da staunten die Jünger, was Jesus alles konnte. Sogar der Wind und die Wellen gehorchten ihm. Nun wussten sie: Wenn wir Angst haben, dann hilft Jesus uns.

Aktion
Wer mag, der darf das jetzt ausprobieren, was für ein schönes Gefühl es ist, getragen und geschaukelt zu werden. *(Kind in eine Decke legen, die von den Eltern an mehreren Ecken festgehalten und geschaukelt wird. Dabei wird folgendes Lied gesungen.)*

Lied: „Getragen, getragen"

Erinnerung an diesen Gottesdienst
Jedem Kind wird ein kleines Boot für zuhause mitgegeben. Wenn es dann damit in der Badewanne spielt, kann es sich an diesen Gottesdienst erinnern.

Zwischen Epiphanias und Passion (Februar)

Abraham (Römer 4 und 1. Mose 12ff.)
Aufbruch im Vertrauen

Vorüberlegungen

Eines Tages hörte Abraham, wie Gott zu ihm sagte: „Geh weg von zuhause in ein Land, das ich dir zeigen werde." Er machte sich auf den Weg in ein fremdes Land, obwohl er es gar nicht kannte und nicht wusste, was auf ihn zukommen würde. Er war sich aber sicher: Gott begleitet und beschützt ihn auf seinem Weg.

Die kleinen Kinder begeben sich täglich auf eine Entdeckungsreise. Von Augenblick zu Augenblick entdecken sie die Welt, erst in einem kleinen Kreis, der sich dann stetig vergrößert. Sie haben meistens mindestens einen Erwachsenen bei sich, dem sie vertrauen und in dessen Schutz sie die Welt entdecken. Sichtbar wird dieser Schutz der Eltern von klein auf z. B. an dem Himmel, der über das Kinderbett gehängt wird, an dem Dach, das sich über die Babysitzschale ziehen lässt oder über dem Kinderwagen ausgespannt ist. Die Kinder umgibt ein Schutz. Werden sie größer, bauen sie gerne Höhlen. Dort erleben sie das Gefühl von Geborgenheit.

Abraham lebte in einem Zelt und wusste sich stets von Gott beschützt. (Hier knüpft das Lied an: „Gott du bist mein Zelt, auf allen meinen Wegen behütest und beschützt du mich, hab Dank für deinen Segen.") Als er vor sein Zelt trat und in den Sternenhimmel sah, hörte er Gott sagen: „So zahlreich wie die Sterne sollen deine Nachkommen sein."

Das Lied „Vater Abraham hat viele Kinder, viele Kinder hat Vater Abraham; ich bin eins davon und eins bist du" greift dieses Thema auf.

Er hoffte, wo es eigentlich nichts zu hoffen gab: Er bekommt mit seiner Frau Sara noch im hohen Alter ein Kind. Abraham wird zum Vater vieler Völker, so wie Gott es ihm versprochen hatte.

Material

Sara, Abraham, das Baby und Schafe als Holzfiguren. Braunes und grünes Tuch (oder Pappe). Ein kleines Zelt für Abraham und Sara aufbauen. (Hocker mit weißem Bettlaken darüber.) Gelbe Sterne basteln und auf einem schwarzen Tuch oder schwarzer Pappe befestigen, das über die Gruppe gehalten werden kann.

Verkündigen mit Aktion

Heute will ich euch von Abraham erzählen. Er hatte sehr viel mit Gott erlebt. *(Holzfigur nach oben halten.)* Er hat ihm vertraut. Er war sich sicher, was Gott sagt, das wird er auch tun.

Da sprach Gott zu ihm: „Du und deine Frau, ihr sollt aufbrechen. Nimm deine Schafe und geh los. Ich werde dir den Weg zeigen, in ein Land, in dem ihr leben sollt."

Und Abraham ging los. Seine Frau Sara und seine Schafe gingen mit. *(Ein braunes Tuch als Weg ausbreiten, auf dem die Holzfiguren voran- schreiten.)* Der Weg war lang. Aber Abraham hatte keine Angst. Egal, was passierte, er vertraute darauf, dass Gott ihn sicher in das Land füh- ren wird, in das er gehen sollte.

Am Tag suchten sie grünes Gras für ihre Schafe. *(Grünes Tuch hinlegen und Schafe Gras fressen lassen.)*

Abraham und Sara wohnten in einem Zelt. *(Das Zelt steht schon auf- gebaut an der Seite.)* Dort schliefen sie nachts. *(Abraham und Sara zum Schlafen hinlegen. Mit den Kindern gemeinsam so tun, als ob man schläft: Hände an die eigene Wange halten und Kopf zur Seite neigen.)*

Eines Abends trat Abraham vor sein Zelt und er sah viele Sterne am Himmel. *(Schwarzes Tuch mit gelben Sternen bis zum Ende der Geschich- te hochhalten lassen.)* Da sagte Gott zu ihm: „Du wirst so viele Nach- kommen haben, wie du Sterne am Himmel siehst."

Abraham wunderte sich: „Wie soll das gehen? Wir haben doch gar kein Kind? Und Sara und ich sind schon so alt?" Andere in seinem Alter waren schon Oma und Opa. Aber Abraham dachte: „Wenn Gott es so will, dann wird es so kommen!" Er vertraute auf das, was Gott sagte.

Und dann bekamen Abraham und Sara tatsächlich ein Baby, einen Sohn. *(Baby in den Arm von Sara legen.)* Sie freuten sich so sehr, dass sie ganz laut lachten. Es war etwas ganz Besonderes, dass sie in ihrem Alter noch Mama und Papa wurden. Sie nannten ihren Sohn Isaak, denn das heißt „Lachen". Der kleine Isaak brachte viel Freude und Lachen in ihr Leben. „Gott hält, was er verspricht."

Abraham war ein Mann, der Gott vertraute. Er glaubte an Gott.

So sind wir alle, die wir uns mit Gott auf den Weg machen, Kinder Abrahams. Gott führt uns und er begleitet uns auf unseren Wegen.

1. Aktion

Die Erwachsenen halten den Sternenhimmel immer noch nach oben und alle singen:

> „Gott, du bist mein Zelt. Auf allen meinen Wegen bist du mir Raum, der mich beschützt. Hab Dank für deinen Segen.
> Oder: „Gott dein guter Segen ist wie ein großes Zelt"

2. Aktion

Als Zeichen dafür, dass wir Kinder Abrahams sind, pflücken wir uns einen Stern vom Himmelszelt und schreiben den eigenen Namen und den Namen des Kindes auf je einen Stern. Dann kann sich jeder den Stern als Namensschild anheften. *(Danach das Sternenzelt einrollen.)*

3. Aktion

Lied mit Bewegung: „Vater Abraham hat viele Kinder" oder „Weißt du, wieviel Sternlein stehen"

Erinnerung an diesen Gottesdienst

Erwachsene und Kinder nehmen sich einen Stern vom Sternenhimmel mit nach Hause. Oder alle bekommen fluoreszierende Sterne, die dann im Dunkeln leuchten.

Passion (März)

Daniel in der Löwengrube (Daniel 6 und Ps 50,15)
Angst und Vertrauen

Vorüberlegungen

Angst begleitet uns durch unser Leben. Schon die Kleinsten erleben dieses Gefühl. Sie wissen dabei aber noch nicht so recht, was dann mit ihnen passiert. Für sie ist die Angst übermächtig, und sie können noch nicht allein damit umgehen. Ihnen begegnet die Angst vor allem nachts, wenn alles dunkel und fremd ist.

Sie sind ängstlich, wenn sie in eine neue Situation kommen und niemanden kennen. Für sie ist es überlebensnotwendig, dass jemand für sie da ist, der sie tröstet und ihnen das Gefühl gibt, dass sie nicht allein sind. Das beruhigt sie. Angst gehört zur Entwicklung der Persönlichkeit hinzu. Ein offener Umgang mit ihr kann Kinder starkmachen.

Die Geschichte, die über Daniel in der Bibel erzählt wird, soll dazu verhelfen, dem übermächtigen Gefühl der Angst zu begegnen und Worte dafür zu finden.

Die brüllenden Löwen in der dunklen Löwengrube sind ein Bild für das mächtige Angstgefühl. Daniel ruft zu Gott. Gott hilft ihm in seiner Angst und rettet ihn aus seiner Not, so wie es in Psalm 50,15 heißt: *„Rufe mich an in der Not, so will ich Dich erretten, und Du sollst mich preisen."*

Dieser Gottesdienst passt genau zum Sonntag „Septuagesimae". Er hat das Thema „Wir liegen vor dir im Gebet", so wie es in Daniel 9,18 heißt: *„Wir liegen vor dir mit unserm Gebet und vertrauen nicht auf unsere Gerechtigkeit, sondern auf deine große Barmherzigkeit."*

Material

Spielfiguren: Daniel, der König, drei Männer, einige Löwen. Eine Schüssel mit schwarzem Tuch. Ein großes schwarzes Tuch. Löwenmasken aus weißen Papptellern oder Pappe.

Verkündigen mit Aktion

In der Bibel wird eine Geschichte von einem Mann erzählt, der hieß Daniel. *(Spielfigur hochhalten, die den Daniel spielt.)*
Er hat sich immer auf Gott verlassen und Gott vertraut. Er betete jeden Tag zu Gott.

Er lebte in einem fremden Land. Alles war anders dort und den Menschen kam es fremd vor, was Daniel tat. Einige mochten ihn deshalb überhaupt nicht.

Einer aber war da, der mochte Daniel sehr gerne. Das war der König. Ein mächtiger König. *(König-Figur hochhalten.)* Er hieß Darius.

Es gab aber auch böse Männer, die waren ganz gemein. Sie wollten nicht, dass ihr König Daniel lieber mochte als sie. Sie wollten Daniel loswerden. *(Drei andere Figuren dazustellen.)*

Sie schafften es, dass Daniel in eine Löwengrube geworfen wurde, in ein tiefes Loch. *(Schüssel mit schwarzem Tuch auslegen und die Spiellöwen hineinsetzen.)*

Dort waren Löwen gefangen. Es war so tief, dass sie nicht hinauskommen konnten. Löwen sind ganz gefährliche Tiere. Sie haben ein großes Maul mit scharfen Zähnen. Sie können laut brüllen und sind sehr stark. *(Das Brüllen der Löwen nachahmen.)* Vor ihnen haben Menschen große Angst.

Zu den Löwen musste Daniel in die Grube hinabsteigen. *(Daniel-Figur zu den Löwen setzen.)*

Nicht einmal der mächtige König Darius konnte ihm helfen. Er wurde krank davon, dass Daniel nun in der Löwengrube saß. Er bekam Bauchschmerzen und konnte nicht schlafen.

Und Daniel? Er bekam große Angst, als er nun zu den Löwen hinabstieg. Er sah ihre scharfen Zähne und hörte ihr lautes Brüllen.

Daniels Herz klopfte laut. Er betete und rief Gott um Hilfe und schrie: „Mein Gott, hilf mir!"

Da waren die Löwen mit einem Mal still. Auch Daniel wurde ruhig. Er vertraute auf Gott. Das machte ihn ruhig und stark. Daniel spürte, er ist nicht allein. Gott ist bei ihm und hilft ihm. Mit einem Mal war seine Angst wie weggeblasen. Die Löwen schliefen friedlich ein.

Als der erste Sonnenstrahl kam und der Morgen anbrach, rannte der König gleich zur Löwengrube und wollte sehen, wie es Daniel ging. Daniel rief ihm zu: „Ich lebe! Mein Gott hat mich vor den Löwen beschützt!"

Der König freute sich so sehr darüber, dass er sagte: „Lasst uns dem Gott Daniels danken! Dieser Gott beschützt die Menschen, die ihm vertrauen. Er hat Daniel vor den Löwen gerettet. Lobt Gott!"

Aktion

Wer möchte, bekommt eine Löwenmaske. Alle, die im Kreis sitzen, spielen die Löwen.

Einer ist der König Darius und bekommt eine Krone aufgesetzt.

Einer spielt gemeinsam mit einem Erwachsenen den Daniel, der jetzt in die Löwengrube geht.

In die Mitte des Kreises wird ein schwarzes Tuch gelegt. Es steht für die dunkle Löwengrube. Darauf setzen sich die beiden, die den Daniel spielen. Die anderen beginnen, laut zu brüllen und die Löwen zu spielen. – Der König hält sich etwas abseits vom Kreis auf. Er bekommt dabei Bauchschmerzen und hält sich den Bauch.

Da ruft der Erwachsene, der gemeinsam mit seinem Kind den Daniel spielt: „Mein Gott, hilf mir!" Und alle sind mit einem Mal still und ganz zahm. Daniel kann nun alle Löwen streicheln.

Der König kommt zum Kreis, sieht das, springt in die Luft und freut sich!

Dies kann nun so oft durchgespielt werden, bis alle, die mögen, mal den Daniel oder den König gespielt haben.

Lied: EG 608: „Das wünsch ich sehr, dass immer einer bei dir wär, der zu dir spricht: Fürchte dich nicht!" (Text leicht geändert)

Erinnerung an diesen Gottesdienst

Ein auf Papier ausgedruckter und laminierter Löwe, unter dem das Bibelwort aus Psalm 50,15 steht: *„Rufe mich an in der Not, so will ich dich erretten."* Ein kleiner Faden aus Drachenschnur kann zum Aufhängen daran befestigt werden.

Alternative:

Gott ist immer für uns da – Der verlorene Sohn (Lukas 15,11-24)
Vertrauen zur Bezugsperson und eigene Wege gehen

Vorüberlegungen

Kinder unter drei Jahren und ihre Eltern hören die Geschichte auf unterschiedliche Weise:

In der Lebenswelt der unter Dreijährigen ist es eine elementare Erfahrung, einige Zeit getrennt von der Mutter oder dem Vater (bzw. der Hauptbezugsperson) zu leben, sei es nur für eine Stunde, einen halben oder ganzen Tag oder gar mehrere Tage. Sie entscheiden sich in diesem Alter noch nicht, wie der Sohn in der Geschichte, selbst für eine Trennung. Sie geschieht mit ihnen und sie müssen damit umgehen lernen. Hierbei kann ihnen dieses Gleichnis helfen. Sie wissen hier, dass der Sohn immer zu seinem Vater zurückkommen kann. Sie sehen, dass der Vater als Bezugsperson verlässlich ist.

Diese Geschichte steht in der Lebenswelt der unter Dreijährigen für die Verlässlichkeit ihrer Bezugsperson. Das ist für ihre persönliche Entwicklung eine Grundvoraussetzung, um Selbstständigkeit entwickeln zu können. Auch wenn sie sich von ihren Eltern entfernen, um beispielsweise mit ihrem Freund oder ihrer Freundin zu spielen, wissen sie, dass sie zurückkommen können und ihre Eltern da sind.

Die Eltern wiederum hören die Geschichte mit anderen Ohren: Sie müssen lernen, dass ihr Kind eine eigenständige Persönlichkeit ist und dazu die Förderung seiner Selbstständigkeit gehört. Sie müssen anerkennen, dass das Kind seinen eigenen Willen hat und sich ausprobieren muss. An dem Vater in der Geschichte sehen sie, dass er seinem Sohn nicht seine Meinung aufzwingt, sondern ihn gewähren lässt. Eltern müssen lernen, dass Kinder ihre eigenen Wege gehen, vielleicht auch solche, die man selbst nicht gehen würde. So kann sich in den ersten Jahren der Begleitung eines Kindes eine Grundhaltung entwickeln, die es später stärkt, wenn es sich für einen Weg entscheidet, den man selbst für das Kind nicht vorgesehen hatte. Aus dieser Geschichte können Eltern lernen, wie der Vater seinem Sohn das Gefühl gegeben hat, seinen eigenen Weg gehen zu können, aber auch immer wieder zu ihm zurückkehren zu können. Auch nach der Rückkehr respektiert der Vater seinen Sohn als eigenständige Persönlichkeit: Er richtet ihm ein Fest aus, gibt ihm schöne Kleidung und sogar einen Ring, der hier bildlich für sein Erbe steht. Der Sohn wird nicht bestraft, indem er nun bei seinem Vater als Tagelöhner arbeiten muss, sondern er wird durch einen Kuss und mit allen Rechten wieder aufgenommen.

Dieser Gottesdienst kann in der Passionszeit, in der Zeit der Umkehr, gefeiert werden. Karfreitag bedeutet für uns: Der Weg nach Hause, zu Gott, unserm Vater, ist offen. Kehrt um und ihr werdet leben!

Material
Grünes, braunes, gelbes und schwarzes Tuch. Als Spielfiguren den Vater, zwei Söhne, drei bis vier Schafe, drei weitere Personen, Arbeitgeber, einige Schweine, kleines Spielhaus, Schoko-Goldtaler und/oder Konfetti jeweils in einem Säckchen.

Verkündigen mit Aktion
Die Geschichte heute erzählt uns, wie Gott ist: Gott ist wie ein Vater. *(Alle Spielfiguren befinden sich in einer Stofftasche. Nun den Vater herausholen und zeigen.)*
Der Vater hatte zwei Söhne. *(Zwei Söhne aus der Tasche holen.)*
Alle lebten und arbeiteten zusammen. Sie kümmerten sich um die Tiere. *(Grünes Tuch ausbreiten, darauf die Schafe und die drei Personen stellen.)*
Da sagte der jüngste Sohn *(Figur festhalten)*: „Ich will nicht mehr hier zuhause sein. Gib mir mein Geld und ich gehe weg." Da gab ihm der Vater, was ihm zustand, einen ganzen Sack voller Goldtaler. *(Säckchen mit den Goldtalern in die Hand nehmen oder der Spielfigur das Konfettisäckchen auf dem Rücken festhalten.)*
Und der jüngste Sohn machte sich auf den Weg. *(Braunes Tuch als Weg ausbreiten, darauf die Figur gehen lassen.)* Es war ein weiter Weg. *(Gelbes Tuch ausbreiten, darauf den Sohn. Die Farbe gelb symbolisiert die gute Zeit.)* Unterwegs hat er viele Menschen getroffen *(weitere Spielfiguren auf das gelbe Tuch stellen)*. Sie wollten mit ihm zusammen sein, weil er so reich war.
Sie haben auch gerne mit ihm in einem Gasthaus gefeiert. *(Kleines Spielhaus aufbauen, in das die Spielfiguren hineingehen.)* Er hat mit seinen Goldtalern nur so um sich geworfen. *(Die Spielfigur wirft Konfetti um sich und/oder Goldtaler unter die Kinder werfen, warten, bis sie sie eingesammelt haben.)*
Nun sind sie weg. *(Goldtaler in den Taschen der Kinder verschwinden*

lassen.) Auf einmal hatte er kein Geld mehr und die Leute ließen ihn allein. Er ging nun weiter. *(Figuren und gelbes Tuch wegnehmen, Sohn auf dem braunen Tuch weitergehen lassen.)*

Nun hatte er großen Hunger *(den eigenen Bauch reiben)* und er suchte Arbeit. Da traf er einen Mann, der viele Schweine hatte. *(Den Mann und die Schweine aus der Tasche herausholen.)* Und er fragte ihn: „Darf ich mich um deine Schweine kümmern?" Er durfte. *(Schwarzes Tuch ausbreiten, Schweine und den Sohn daraufstellen. Die Farbe schwarz symbolisiert die schlechte Zeit.)*

Dem Sohn ging es nun gar nicht mehr gut. Er war so dreckig wie die Schweine. Er hatte großen Hunger und bekam Bauchweh. *(Den Bauch beim Erzählen reiben.)* Die Schweine hatten viel zu essen, aber er durfte nichts davon nehmen.

Als es ihm so schlecht ging, dachte er an seinen Vater: Bei meinem Vater haben es die Arbeiter gut und hier geht es mir schlechter als den Schweinen. Er wollte wieder nach Hause und machte sich auf den Weg. *(Den Sohn auf dem braunen Tuch zurückgehen lassen.)* Er hatte Hunger, er war dreckig, er stank, seine Kleidung war zerrissen. Er wollte nur noch nach Hause und wie einer von den Arbeitern bei seinem Vater arbeiten. So kam er zuhause an.

Als sein Vater ihn sah, da freute er sich sehr! Er kam ihm entgegengerannt *(Vater-Figur rennen lassen)*. Er umarmte seinen Sohn und küsste ihn. Er dachte, er hätte seinen Sohn verloren und nun war er wieder da. Der Vater freute sich sehr! Er gab seinem Sohn die besten Kleider und Schuhe und sogar einen kostbaren Ring. Und er feierte mit ihm ein großes Fest!

So wie dieser Vater ist auch Gott. Er hat uns sehr lieb. Wir können immer wieder zu ihm zurückkommen.

Aktion

Gemeinsam die Geschichte mit den Figuren nachspielen.

Lied: „Ja, Gott hat alle Kinder lieb"

Erinnerung an diesen Gottesdienst

Alle dürfen einen Goldtaler mit nach Hause nehmen.

Ostern (April)

Ostern – das große Überraschungsfest (Markus 16,1-8)
Suchen und Finden. Überraschungsfreude

Vorüberlegungen

Die Kinder freuen sich auf das Osterfest. Die Vorbereitungen zuhause und in den Geschäften sind bereits im Gange. Sie sehen dort Osterhasen, Ostereier oder Narzissen als Schmuck. Die Natur erwacht aus ihrem „Winterschlaf". Draußen blühen die Tulpen und Osterglocken. Die Büsche schlagen aus. Das Leben erwacht.

Beim Osterfest freuen sich die Kinder am meisten auf das Suchen der Ostereier, Osternester oder Geschenke. Es geht dabei um das Suchen und Finden. Es wird eine Überraschung gefunden. Diese Osterfreude wird für die ganze Familie zu einem schönen Erlebnis. Aber auch Erwachsene suchen und finden an Ostern eine Überraschung und lassen sich die Freude nicht nehmen.

Dieser Gottesdienst erzählt davon, was Ostern in der Kirche gefeiert wird. Wir feiern Ostern, weil Jesus Christus auferstanden ist und nicht, weil der Osterhase kommt! Wir feiern Ostern die allergrößte Überraschung, die es je gegeben hat und darüber freuen wir uns als Christen. Osterfreude und Osterlachen gehören zum Osterfest.

In der Geschichte von der Auferstehung Jesu suchen die Frauen den toten Jesus. Als sie aber zum Grab kommen, finden sie es leer. Dass Jesus von den Toten auferstanden ist, ist die größte Überraschung. Und darauf gründet unser christlicher Glaube. Im Glauben an den Auferstandenen werden auch wir auferstehen. Und unser Leben wird jetzt schon nicht mehr vom Tod, sondern vom Leben und von der Osterfreude bestimmt.

In dem Gottesdienst soll die Geschichte von der Auferstehung Jesu nacherzählt werden. Dabei sollen die Momente des Suchens und Findens und der Überraschung im Vordergrund stehen. Im Gottesdienst sollen diese Elemente gespielt (Geschichte) und erlebt (Osterei suchen) werden und die Freude darüber zum Ausdruck kommen (Tanz).

Material

Ein kleiner Hocker, über den ein schwarzes Tuch gebreitet ist, drei große Steine, die die Kinder schwer oder nicht tragen können (je ein Stein wird an die Seite des Hockers gelegt, die hintere Seite ist nur mit dem Tuch verdeckt), gelbes Tuch, fünf Spielfiguren (drei Frauen, Jesus und eine weiß gekleidete Figur), ein Gefäß, das die Frauen in der Hand halten, ein großes Osterei, das geöffnet werden kann und das mit kleinen Tüten „Lachgummi" gefüllt ist (oder mit kleinen Tüten Gummibären).

Verkündigen mit Aktion

Hier in der Kirche hören wir Geschichten von Gott und den Menschen und von Jesus. Heute will ich euch erzählen, was wir Ostern feiern.

Ostern erleben wir die allergrößte Überraschung, die es je gegeben hat. Drei Tage vor Ostern ist Jesus gestorben. Am Karfreitag. Seine Freunde und alle, die ihn kannten, waren sehr traurig. Jesus wurde in ein Grab gelegt. *(Die Jesus-Figur in das noch offene Grab legen.)* Es ist anders als bei uns. Es ist eine Höhle aus Stein. Vor die Höhle wurde dann ein riesengroßer, schwerer Stein gewälzt *(den schweren Stein nun vor den Eingang der Höhle rollen).*

Am Sonntagmorgen, als es noch ziemlich dunkel war, kamen ganz früh drei Frauen zum Grab. Sie hießen Maria, Maria Magdalena und Salome. Sie waren sehr traurig, dass Jesus gestorben ist *(drei Frauen-Figuren langsam zum Stein gehen lassen. Sie haben einen kleinen Spielkrug in der Hand. Ein Kind kann mit einem Erwachsenen zusammen die Frauen-Figuren bewegen. Dann ist die Aufmerksamkeit aller auf dieses Kind mit den gehenden Frauen gerichtet und die Erzählerin oder der Erzähler kann die Jesus-Figur unbemerkt aus der Höhle nehmen und eine weiße Spielfigur hineinsetzen.)*

Sie tragen einen Krug, der mit kostbarem Öl gefüllt ist. Sie wollen Jesus noch etwas Gutes tun und ihn mit dem Öl einreiben. Sie sprachen miteinander: „Vor der Grabhöhle liegt ein schwerer Stein. Den können wir doch gar nicht wegrollen. Wer wälzt uns den schweren Stein weg, damit wir zu Jesus gehen können?"

Doch als sie ankommen, ist der Stein beiseite gerollt. *(Stein beiseite rollen, während die Kinder auf die Frauen schauen.)*

Die Frauen sind ganz überrascht!

Sie gehen in die Grabhöhle hinein. *(Spielfiguren in den Eingang der Höhle stellen. Hineinsehen.)*

Sie bekamen einen Schreck. Wo der tote Jesus gelegen hatte, liegt er nicht mehr. Dort sitzt ein junger Mann mit einem langen weißen Kleid. Und es wurde hell in der Höhle. *(Gelbes Tuch über das schwarze legen. Die weiße Figur aus der Höhle in die Hand nehmen, zeigen und sprechen lassen.)*

Ihr Schrecken wurde größer. Aber er sagte: „Habt keine Angst! Ihr sucht Jesus. Der ist hier nicht mehr. Ihr seht: Das Grab ist leer. Jesus ist auferstanden. Geht und sagt das Petrus und seinen Freunden."
Als sie das hörten, wurden sie wieder froh. Sie lachten, sangen und tanzten. Nun wussten sie: Gott ist stärker als der Tod. Das hatte Jesus ihnen ja gesagt.
Die Frauen hatten den toten Jesus gesucht und erlebten die allergrößte Überraschung, die es je gegeben hat. Jesus ist auferstanden von den Toten. Gott hat ihn nicht im Tod gelassen. Und bis heute freuen wir uns über diese Überraschung. Das feiern wir Ostern: Jesus lebt! Der Tod ist besiegt.
Mit dem nächsten Lied können wir unsere Osterfreude tanzen:

Lied: Ostertanzlied: „Ich tanze und ich lache heut am Ostertag"
Jetzt lasst uns etwas suchen und finden. Lassen wir uns überraschen! So wie es zum Osterfest dazugehört. Weil Ostern die allergrößte Überraschung passiert ist, bekommen wir am Ostertag viele kleine Überraschungen.

Aktion, in der die Kinder das Suchen und Finden und eine Überraschung erleben:
Ein großes Osterei in der Kirche vorher verstecken, das sich öffnen lässt und in dem für die Kinder „Lachgummis" (oder Gummibären/Weingummi) zu finden sind.
Ein Kind darf es suchen, finden und dann an alle verteilen.
(Indem die Kinder dieses Suchen in der Kirche erleben, können sie zuhause beim Ostereiersuchen an die „Überraschungsgeschichte" in der Kirche denken.)

Lied, das diese Aktion abschließt: „Ostern, Ostern ist das schönste Fest im Jahr"

Erinnerung an diesen Gottesdienst
Alle bekommen eine kleine Tüte „Lachgummi".

Alternative 1:

Der Fischzug des Petrus – Versuch es noch einmal! (Johannes 21)

Vorüberlegungen

Zur Entwicklung der Kinder gehört es, dass sie etwas ausprobieren und es doch nicht klappt. Wichtig für sie ist, dass ein Erwachsener da ist, der ihnen etwas zutraut und sie ermuntert, es noch einmal zu probieren. Das Vertrauen des anderen in die eigenen Fähigkeiten und der geglückte neue Versuch stärken das eigene Selbstvertrauen.

Petrus und einige Jünger erleben, dass ihnen etwas gelingt, obwohl sie es schon aufgegeben hatten. Nachdem Jesus sie aufgefordert hatte, es erneut zu versuchen, klappte es.

Was ihnen unmöglich war, nämlich die Fische zu fangen, ist auf Jesu Wort hin möglich. Ihm können sie vertrauen. Er sorgt für ihr Leben und hält mit ihnen ein Gemeinschaftsmahl. Für die Jünger wird nun deutlich, dass Jesus nicht im Tod geblieben ist, sondern als der Auferstandene für sie da ist. Dieser Gottesdienst passt thematisch zum ersten Sonntag nach Ostern, der „Quasimodogeniti" heißt.

Material

Ein Spiel-Schiff mit sieben Figuren und eine Figur für Jesus, ein leeres Zitronen- oder Orangennetz als Fischernetz, kleine Plastikfische oder gebastelte Fische, blaues Tuch oder blaue Pappe, schwarzes, braunes und gelbes Tuch oder Pappe, Spiel-Feuer, Holzlöffel, Schüssel mit Wasser, Fischli-Fische-Salzgebäck.

Verkündigen mit Aktion

In der Kirche hören wir Geschichten aus der Bibel.

Heute will ich euch eine Geschichte aus der Bibel erzählen, die spielt an einem See. *(Blaues Tuch hinlegen.)* In dem See ist viel Wasser. *(Das Wasser in der Schüssel plätschern lassen.)*

An dem See ist ein Ufer mit braunem Sand. *(Braunes Tuch an das blaue anlegen.)*

Am Ufer liegt ein Fischerboot. *(Das Boot dort am Ufer anlegen lassen.)*

Petrus will mit seinen Freunden in dem Boot hinaus auf den See fahren. *(Petrus und sechs weitere Figuren auf das Boot stellen.)*

Sie sind Jesus' Jünger. Sie waren seine Freunde. Aber jetzt ist Jesus nicht

mehr da. Petrus und die anderen haben eine anstrengende Zeit hinter sich. Sie hatten großen Hunger. *(Den eigenen Bauch reiben.)*
Nun wollten sie Fische fangen. Sie waren schließlich Fischer.
Es ist dunkel. Es ist Nacht. *(Schwarzes Tuch auslegen.)*
Sie fahren los. *(Boot anschieben)* Und sie rudern. *(Die Erwachsenen und Kinder ahmen die Ruderbewegung nach.)*
Wenn die Ruder aus dem Wasser auftauchen, hört man, wie das Wasser plätschert. *(In einer Schüssel mit Wasser mit dem Holzlöffel rudern und das Wasser von oben hineinplätschern lassen.)*
Sie werfen das Netz aus. *(Leeres Orangennetz, das am Boot befestigt ist, auswerfen. Dabei können alle mit den Armen eine Wurfbewegung nachahmen.)*
Und warten. *(Kopf auf die Hand stützen und warten)* Und warten! Sie brauchen viel Geduld und müssen warten, bis die Fische in das Netz schwimmen.
Dann holen sie das Netz wieder ein. *(Alle ahmen die Einholbewegung nach.)*
Das Netz ist leer. Kein einziger Fisch wurde gefangen!
Nun fahren sie zu einer anderen Stelle und beginnen wieder zu rudern *(Schiff schieben und Ruderbewegung nachmachen.)*
Sie hören, wie das Wasser plätschert. *(Plätscherndes Wasser-Geräusch.)*
Dann werfen sie wieder das Netz aus. *(Alle machen die Bewegung mit.)*
Und sie warten. *(Den Kopf wieder auf die Hand abstützen.)*
Sie holen das Netz wieder ein. *(Alle zusammen.)*
Sie haben wieder nichts gefangen. Wie kann das sein? So ein Pech!
Sie haben Hunger und nichts zu essen. Sie haben schon Bauchweh vor Hunger. *(Eigenen Bauch reiben.)*
Sie fahren zurück. *(Ruderbewegung)* Sie haben nichts gefangen und sind sehr traurig!
Es wird langsam hell. Der Morgen beginnt. *(Das gelbe Tuch über das schwarze legen.)*
Da sehen sie einen Mann am Ufer. *(Figur hinstellen.)* Die Jünger erkennen ihn nicht.
Er ruft: „Habt ihr keine Fische gefangen? Fahrt noch mal hinaus!"
Petrus antwortet: „Wir haben die ganze Nacht versucht, etwas zu fangen und es hat nicht geklappt."
Der Mann sagt: „Versucht es noch einmal! Fahrt hinaus und werft das Netz zur rechten Seite aus. Da werdet ihr viel fangen."

Petrus denkt: „Das kann gar nicht klappen." Aber dann probiert er es doch. Sie fahren wieder hinaus und rudern los. *(Ruderbewegung und Wasser plätschern lassen.)*

Dann werfen sie das Netz zur rechten Seite aus. *(Netz auswerfen)*

Und warten. *(Kopf wieder auf die Hand stützen.)* Und warten!

Das Netz füllt sich mit Fischen. Einer nach dem anderen schwimmt hinein, bis es voll ist. *(Fische in das Netz schwimmen lassen. Dabei können die Kinder helfen.)*

Dann holen sie es ein. *(Alle ahmen die Einholbewegung nach.)*

Sie freuen sich riesig über diesen Fang. Da spricht Johannes, der Jünger, den Jesus besonders lieb hatte, zu Petrus: „Der Mann dort am Ufer ist Jesus!"

Da freut Petrus sich so sehr, dass er ins Wasser springt und zum Ufer schwimmt. *(Petrus vom Boot springen und über das blaue Tuch zum Ufer schwimmen lassen.)*

Die anderen rudern zurück. *(Ruderbewegung und Wasser plätschern lassen.)*

An Land angekommen, *(alle Figuren aus dem Boot auf das braune Tuch stellen)* sehen sie ein Feuer brennen und darauf werden Fische gegrillt. *(Spielfeuer hinstellen, Fisch darauf legen.)*

Sie holen noch mehr Fische aus ihrem Netz. *(Fische zum Feuer legen.)*

Sie stellen sich alle an das Feuer. *(Alle Figuren dort hinstellen.)*

Jesus isst mit ihnen die Fische und bricht ihnen das Brot.

Nun wussten die Jünger: Was Jesus sagt, das passiert auch! Er lässt uns nicht im Stich!

Aktion

Jedes Kind bekommt einen „Fischli-Fisch" als kleines Salzgebäck zum Essen.

Einige Kinder können die Geschichte mit den Figuren nachspielen.

(Im Kindergarten wurden die Matratzen zum Boot und die Kinder zu Jüngern. Sie haben die Geschichte als Rollenspiel nachgespielt.)

Lied: „Mein Gott ist so groß, so stark und so mächtig"

Erinnerung an diesen Gottesdienst

Jedes Kind bekommt einen gebastelten Fisch.

Alternative 2:

Gott ist wie ein guter Hirte – das verlorene Schaf
(Psalm 23 und Lukas 15,1-7)
Gott kümmert sich um uns

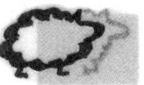

Vorüberlegungen

Für die kleinen Kinder ist es lebensnotwendig, dass sich mindestens eine Erwachsene oder ein Erwachsener um sie kümmert. Sie leben von dem, was sie empfangen und sie überleben, weil sie vor Gefahren beschützt werden. So können sie zu ihrer Bezugsperson Vertrauen entwickeln. Das ist grundlegend für den Glauben, denn später kann diese Vertrauenserfahrung auf Gott übertragen werden. In dieser Geschichte erleben sie Gott wie einen Hirten, der sich um seine Schafe kümmert.

Diese Geschichte bietet den Kindern neben den vielen Gottesbildern der Bibel das Bild von Gott als guten Hirten an. Andere Gottesbilder wären: Gott ist wie ein Adler, wie eine Mutter, wie eine Burg, wie ein Vater u.a.

Das Bilderverbot des ersten Gebotes ruft uns auf, Gott nicht auf ein Bild festzulegen. Kinder sollten im Laufe der Jahre die Möglichkeit bekommen, verschiedene Gottesbilder kennenzulernen.

Der Hirte und die Schafe sind für kleine Kinder ein leicht verständliches Bild. Sie erleben diese Figuren in der Weihnachtskrippe oder auch Schafe als Kuscheltiere. Kinder, die auf dem Land leben, kennen Schafe von ihren „Spaziergängen". Sie wissen, noch bevor sie das Wort „Schaf" sprechen können, dass es „mäh" blökt.

Thematisch passt dieser Gottesdienst zum zweiten Sonntag nach Ostern, der „Misericordias Domini" heißt (= Barmherzigkeit Gottes bzw. Sonntag vom Guten Hirten).

Material

Zwei grüne Tücher, ein braunes und ein blaues Tuch (oder Pappe in diesen Farben). Zwei Steine. Eine Spielfigur als Hirte (z.B. eine Krippenfigur), fünf Schafe. (Alles in einer Stofftasche) Für das Rollenspiel mit Kindern, die älter sind als zweieinhalb Jahre:

Ein Schaffell, das dem Kind, das das verlorene Schaf spielt, übergelegt werden kann. Ein Hut und ein Hirtenstock für den Hirten, der gleichzeitig die Geschichte erzählt und das Schaf sucht.

Für die ganz Kleinen vorher Schafe basteln.

Verkündigen mit Aktion

In der Geschichte heute wird erzählt, wie Gott handelt.

Ein Hirte hatte viele Schafe. *(Einen Hirten, eine Holzkrippenfigur und fünf Schafe hinstellen.)*

Jeden Tag zog der Hirte mit seinen Schafen umher, immer dorthin, wo es genug zu Essen gab. Er führte sie zu grünem, saftigem Gras. *(Ein grünes Tuch als grüne Wiese ausbreiten. Darauf den Hirten und die Schafe stellen. Die Schafe grasen lassen. Essgeräusche und Blöken nachahmen.)*

Sie gingen zur nächsten grünen Wiese. Der Hirte suchte immer saftiges Gras für seine Schafe.

Manchmal mussten sie einen Bach überqueren. *(Blaues Tuch als Bach hinlegen. Steine hineinlegen, auf denen die Schafe den Bach überqueren können.)* Auch wenn der meist nicht tief war, fürchteten sich die Kleinen vor dem Wasser. Da mussten ihnen die erfahrenen Schafe zeigen, wie man da sicher hinüberkommt. Auf welchen Stein sie treten konnten, welcher Stein nicht zu rutschig war.

Einmal hatte sich eines von ihnen verlaufen. *(Ein Schaf war in die falsche Richtung gelaufen.)* Da blökten alle so laut, *(die Kinder wie ein Schaf „mäh" rufen lassen)* bis das Verirrte sie rufen hörte und so zu ihnen zurückfand. *(Das verirrte Schaf zu den anderen stellen.)* So halfen sie einander immer.

Der Hirte musste gut auf seine Schafe aufpassen.

Es passierte immer wieder etwas: Manchmal waren die Kleinen zu schnell und die anderen, die schon älter waren, kamen nicht mehr mit. *(Nachspielen. Dabei ein Schaf unter der Stofftasche verstecken, ohne dass die Kinder es bemerken.)* Da mussten die Schafe vorne stehen bleiben und auf die anderen warten. Dann waren sie wieder alle beisammen.

Der Hirte sorgte dafür, dass seinen Schafen nichts fehlte. Er kannte alle seine Schafe. Er hatte jedem Schaf einen Namen gegeben.

Abends brachte er seine Schafe in den Stall *(ein braunes Tuch neben die anderen legen und darauf einen Zaun hinstellen, der nun den Stall darstellen soll.)*

Er zählte sie jeden Abend, ob wirklich alle da waren. Eines Abends zählte er: „Eins, zwei, drei, vier!" Wo war das Fünfte? Wo war Flocke? War Flocke weggelaufen? Hatte ein wildes Tier sie gegriffen und weggeschleppt? Ein Raubvogel? Ein Wolf? – War sie im Wasser ausgeglitten und von der

Strömung abgetrieben worden? War sie in einem Dornbusch mit ihrem Fell hängen geblieben? War sie in eine Felsspalte gestürzt? Hatte sie sich ein Bein gebrochen oder sich verletzt? Hatte sie sich verirrt? Was sollte der Hirte tun?

Er zögerte nicht einen Moment. Er dachte nicht: Das ist ja bloß eines und ich habe ja noch die anderen. Nein, er ließ die anderen im Stall zurück und machte sich auf die Suche. Keines darf verloren gehen! Alle sind wichtig! Alle sind gleich wichtig! Er suchte und suchte. Er rief und rief: „Flocke!" „Flocke!" *(Die Kinder rufen lassen.)* Den ganzen Weg, den sie am Tag gegangen waren, eilte er zurück *(Den Hirten den Weg über die Tücher zurückgehen lassen.)* – aber nirgends war Flocke zu finden. Da hörte er in der Ferne ganz schwach ein Blöken. Kaum hörbar war dieses „Mäh!" Er wusste sofort: Das muss Flocke sein! Er rannte und rannte und fand sein Schaf ganz allein in einer einsamen Gegend in einer Höhle *(unter der Stofftasche)*. Es hatte sich verirrt und den Weg zu den anderen nicht mehr gefunden. Nun saß es ganz allein und voll Angst in dieser Höhle. Voller Freude sprang der Hirte in die Luft. Ja, er machte Luftsprünge vor Freude. Er nahm es in den Arm, drückte es an sich, hob es hoch und trug es behutsam nach Hause zu den anderen. *(Das Schaf dem Hirten auf die Schulter legen.)*

Gott ist wie ein guter Hirte, der sich um uns kümmert. Er will nicht ein einziges Schaf verlieren.

Der Hirte freute sich so sehr, dass er sein Schaf wiedergefunden hatte. Er sprang vor Freude.

Lied: „Ich freue mich und springe", Strophe 4 und 5
    oder: „Der Herr ist mein Hirte. Halleluja. Es wird mir nichts fehlen. Halleluja"
    oder: „Ja, Gott hat alle Kinder lieb"

1. Aktion

Nun möchte ich mit euch diese Geschichte spielen. Ihr alle seid Schafe und ich bin der Hirte. Dazu setze ich meinen Hirtenhut auf. Ich habe auch einen Hirtenstab mitgebracht. Wer von euch möchte das Schaf Flocke spielen? Hier habe ich ein Schaffell zum Verkleiden. *(Flocke versteckt sich).* Ihr seid jetzt alle in eurem Stall und ich zähle: Eins, zwei, drei, vier! Oh, ein Schaf fehlt. Flocke fehlt. Ausgerechnet Flocke. So ein kleines junges Schaf. Das hat bestimmt Angst so allein. Das muss ich sofort suchen. Ihr seid hier ja sicher in eurem Stall. Ihr wartet hier auf mich, ich komme gleich wieder. Ich gehe los und suche Flocke.

Flocke! Flocke!

Oh da bist du ja! Hast du dich verlaufen? Komm, ich bringe dich zu den anderen!

Hier ist Flocke! Ich freu mich so, dass es wieder da ist. Lasst uns Luftsprünge machen, uns freuen und fröhlich sein mit unserem Lied „Ich freue mich und springe,..." (Noch ein-, zweimal spielen).

2. Aktion

Wenn die Kinder für dieses Rollenspiel zu klein sind, dann können sie einfach mit den Holzfiguren die Geschichte noch einmal nachspielen oder man kann sie schon beim Erzählen mitspielen lassen.

Eine andere Möglichkeit: viele kleine Schafe basteln. (z. B.: halbe Toilettenrollen mit Schneewatte bekleben und ein auf Papier gedrucktes und laminiertes Schafgesicht ankleben.) Nachdem die Geschichte einmal vorgespielt worden ist, bekommt jedes Kind ein Schaf und darf es auf das grüne Tuch setzen und wird von dem Hirten behütet. Erst danach das Lied singen.

Erinnerung an diesen Gottesdienst

Jedes Kind kann ein gebasteltes Schaf mit nach Hause nehmen.

(Anregungen für die Erzählung dieser Geschichte sind folgendem Buch entnommen: „Kinder haben Rechte! Arbeitshilfe zum Weltkindertag" 20.9.2007, Diakonie Berlin. Anregungen für das Basteln von Tatjana Meyer, Remels)

Pfingsten (Mai)

**Turmbau zu Babel (1. Mose 11,1-9)
und die Pfingstgeschichte (Apostelgeschichte 2,1-13)**
Wir brauchen Hilfe

Vorüberlegungen

Bauklötze gehören zur Lebenswelt der kleinen Kinder. Sie finden sich als Spielsachen im Kinderzimmer. Gern wird von den Erwachsenen ein Turm gebaut und von den Kindern zum Einstürzen gebracht. Das bereitet ihnen viel Freude.

Alleine spielen können sie noch nicht. Wenn sie etwas aufbauen, brauchen sie die Hilfe eines Erwachsenen. Aus eigenen Kräften zerstören sie am liebsten. Das führt oft zum Streit unter den Kindern: Das eine Kind nimmt sich etwas zum Bauen, das andere nimmt es ihm weg. Das eine möchte etwas aufbauen, das andere kaputt machen. Oder beide möchten einen Turm zum Einstürzen bringen, doch das eine Kind war schneller als das andere. Sie werden es in diesem Alter nicht schaffen, gemeinsam einen großen Turm zu bauen. Sie brauchen Hilfe!

Diese Erfahrung haben die Menschen in Babylon gemacht (1. Mose 11, 1-9). Sie wollten eine Stadt mit einem Turm bauen, in der alle Menschen Platz finden. Ihr Turm wurde nie fertig, weil sie sich immer wieder gestritten haben. Sie konnten sich nicht mehr verstehen.

Am Pfingstfest feiern wir, dass Gott die Menschen durch das Evangelium, die frohe Botschaft von Jesus Christus, zusammengebracht hat und sie sich dadurch verstehen können, ganz gleich aus welchem Land sie kommen oder welche Sprache sie sprechen. Das wird heute in der weltweiten Ökumene sichtbar, wenn Christen gemeinsam Gottesdienst feiern.

Pfingsten feiern wir das große Geschenk Gottes: Die Menschen können sich wieder verstehen, aber nur mit Gottes Hilfe. Die Kinder bauen nun gemeinsam mit den Erwachsenen aus den Steinen des Turmes eine Kirche, in der die Menschen Platz finden, die sie als Figuren dort hineinstellen können.

Material

Viele Duplo-Steine (teilweise schon zu größeren Einheiten zusammengesetzt), mehrere Spielfiguren, ein Deckel von einem Schuhkarton, der mit den Rändern nach oben auf den Fußboden gelegt wird und in dessen kurzer Seite aus Pappe ein Kirchturm mit einer zu öffnenden Tür eingeklebt ist.

Verkündigen mit Aktion

In der Bibel wird davon erzählt, wie einmal viele Menschen sich eine Stadt mit einem großen Turm bauen wollten. Der Turm sollte in der Mitte stehen, damit sie alle ihn sehen konnten und er ihnen Zusammenhalt gab. *(Viele Spielfiguren hinstellen)*

Sie sagten: „Wir brauchen Steine, um diesen Turm zu bauen." Und sie brannten sich Ziegelsteine. *(Viele Duplo-Steine ausschütten.)*

„Damit wollen wir jetzt unseren Turm bauen. Bis in den Himmel soll er reichen."

(Die Erzählerin oder der Erzähler animiert jetzt die Kinder, gemeinsam mit ihr/ihm den Turm zu bauen. Dabei wird die erste Strophe von dem Lied gesungen: „Wer will fleißige Handwerker seh'n, der muss zu uns Kindern geh'n. Stein auf Stein, Stein auf Stein, der Turm, der wird bald fertig sein." Nach einiger Zeit des Bauens wird weiter erzählt.)

Gott wollte aber nicht, dass alle Menschen an einem Ort bleiben. Sie sollten sich über die ganze Erde verteilen. Und als sie so bauten und bauten, konnten sie sich mit einem Mal nicht mehr verstehen. Jeder sprach eine andere Sprache. Und sie begannen sich zu streiten. Es klappte nichts mehr. Der Turm wurde nie fertig. Sie blieben nicht zusammen und zerstreuten sich über die ganze Erde.

Pfingsten feiern wir, dass Gott uns seinen Heiligen Geist schickt, damit wir uns überall auf der ganzen Welt verstehen können. Gott hilft uns. Er baut mit uns seine Kirche. In ihr können sich alle Menschen versammeln und verstehen.

Lasst uns nun aus den Steinen vom Turm miteinander eine Kirche bauen. Alle helfen mit. Auch die Erwachsenen. Denn Gott braucht uns alle. *(Jetzt wird der Schuhkarton mit den Rändern nach oben und der aufgerichteten Kirchturmschablone hingestellt und rundherum an den Rändern werden von innen die Steine dagegen gebaut. Dabei wird die zweite Strophe gesungen: „Wer will fleißige Handwerker seh'n, der muss zu uns Kindern geh'n. Stein auf Stein, Stein auf Stein, die Kirche wird bald fertig sein.")*

Nun ist unsere Kirche fertig. Jetzt haben wir einen Ort, wo alle Menschen sich verstehen können. Mit Gottes Hilfe! *(Jetzt werden gemeinsam die Spielfiguren in die Kirche gestellt.)*

Alternative:

Baum – Freude an der Natur (1. Mose 1,11.12)

Vorüberlegungen

Wir wollen die Kinder bei der Wahrnehmung der Natur begleiten und mit ihnen über die Schönheit der Schöpfung Gottes staunen. Die Kinder sehen draußen beim Spielen oder Spazierengehen, wie im Frühling die Bäume grün werden und bunte Blumen und Blüten gewachsen sind. Dieser Gottesdienst kann auch im Mai oder im Sommer gefeiert werden.

Material

Verschiedene Blumen und Zweige im Garten abschneiden. Zweige mit grünen Blättern, Knospen und Blüten.
Gebastelte Sonne, ein großes schwarzes Tuch, eine Schüssel, ein Krug mit Wasser, verschieden farbige Chiffontücher. Aus grünem Papier oder Pappe ausgeschnittene Blätter.

Verkündigen mit Aktion

(Der Frühlingsstrauß steht in der Mitte auf dem Fußboden.)
Schaut mal her! Wenn ihr draußen spielt oder spazieren geht, dann seht ihr die bunten Blumen und die grünen Blätter an den Bäumen.
In der Bibel wird davon erzählt, wie Gott die Natur um uns herum wachsen lässt. Und er sah, dass es gut war. Wir sehen auch, wie wunderschön nun alles wächst.
Die Bibelstelle möchte ich euch einmal vorlesen. Sie steht ganz am Anfang auf der ersten Seite der Bibel: *Die Bibel aufschlagen und 1. Mose 1, 11 und 12 vorlesen oder erzählen.*
Wie gut und wie schön das ist, sehen wir hier an unserem Strauß.
Kommt mal her und riecht an der Blüte. Duftet sie? Sie duftet wie süßer Honig. *(Kinder riechen an den Blüten.)*
Seht mal: Hier am Zweig, da ist eine Knospe. Sie ist erst geschlossen wie eine Faust, die sich dann öffnet. *(Den Kindern zeigen, wie sich die Faust öffnet. Sie können es nun selbst auch mit ihrer Faust nachspielen.)*
(Ein rotes Chiffontuch in die eigene Faust nehmen und die Faust öffnen. Das rote Tuch entfaltet sich wie eine Blüte.) Seht mal her, aus meiner Knospe wächst eine rote Blüte.
Ihr könnt mit mir spielen, wie aus euren Knospen bunte Blüten wachsen. *(Tücher an die Kinder und/oder Erwachsenen verteilen und nachspielen.)*

Und jetzt spielen wir, dass ihr die Bäume seid. In eure Hände bekommt ihr grüne Blätter. Eure Arme sind die Äste. Ihr seid ein Baum. Er ist erst ganz klein. Dann wird er immer größer. *(Grüne Blätter an die Kinder austeilen.)*

Dazu brauchen die Bäume die Sonne. *(Ein Kind aussuchen, das die Sonne hochhält.)*

Und auch den Regen. *(Ein Kind aussuchen, das Wasser aus dem Krug in die Schüssel gießt.)*

Gott lässt alles wachsen. Dafür muss die Sonne scheinen. *(Sonne hochhalten.)*

Und es muss regnen. *(Wasser in die Schüssel gießen.)*

Dann wachsen langsam die Blätter. *(Die Kinder strecken langsam ihre Blätter nach oben.)*

Abends geht die Sonne unter und es wird dunkel. *(Zwei Erwachsene halten ein großes schwarzes Tuch über die Gruppe.)*

Morgens vertreibt die Sonne die Nacht. Die Sonne geht auf. *(Sonne hochhalten, schwarzes Tuch wegnehmen.)*

Ab und zu regnete es. *(Wasser in die Schüssel gießen.)*

Die Bäume wachsen. *(Eltern und Kinder „wachsen" weiter nach oben. Sooft wiederholen, bis alle sich weit nach oben hin ausstrecken und alle Freude daran haben.)*

Aktion
Das Bewegungs-Lied „Du hast uns deine Welt geschenkt" wird gesungen und dabei alles eingesetzt, was im Spiel vorkam: die Sonne, der Regen, die Blüten und Blätter, die Bäume und Büsche, der Tag und die Nacht.

Erinnerung an diesen Gottesdienst
Jedes Kind darf sein Blatt mit nach Hause nehmen.

Juni

Zachäus – Gott kennt alle unsere Namen
(Lukas 19,1-10)

Von Gott mit Namen gerufen werden, verändert unser Leben

Vorüberlegungen

Der Name eines Kindes ist besonders wichtig. Noch bevor es geboren ist, überlegen ihn sich die Eltern. Von der Geburt an füllt das Kind ihn dann mit seiner Persönlichkeit aus. Sein Name gehört zu den ersten Wörtern, die das Kind lernt, und es reagiert auch schon früh darauf, wenn es gerufen wird. Die ersten zwei Lebensjahre sagt es noch nicht „ich", wenn es von sich spricht, sondern nennt seinen Namen.

Dieser Gottesdienst will den Namen des Kindes ins Spiel bringen: Gott kennt alle unsere Namen! Jesus rief Zachäus bei seinem Namen. Das veränderte sein Leben.

In Jesus begegnet uns Gott selbst. Werden wir von Gott gerufen, verändert das unser Leben.

So wie jedem in der Taufe das Bibelwort aus Jesaja 43,1 gilt: *„Fürchte dich nicht, denn ich habe dich erlöst; ich habe dich bei deinem Namen gerufen; du bist mein."*

Der Gottesdienst passt zum dritten Sonntag nach Trinitatis, fügt sich aber auch thematisch in den sechsten Sonntag nach Trinitatis ein.

Material

Spielfiguren: Jesus, Zachäus, einige Menschen, die um Jesus herumstehen, einen Baum, auf den Zachäus klettert *(z .B. ein Ast von einem Strauch aus dem Garten in einer Vase oder einem Blumentopf)*, einen Tisch mit zwei Tellern und Bechern, an dem die Spielfiguren Jesus und Zachäus auf zwei Stühlen oder Bänken sitzen. Das Stadttor kann ein aus einer Ritterburg ausgebautes Tor sein oder einfach ein paar Bauklötze.

Verkündigen mit Aktion

Heute will ich euch von Jesus erzählen. Er ist ein ganz besonderer Mensch. Er ist Gottes Sohn. Alles, was er tut, das tut er im Auftrag seines Vaters. Einmal kam Jesus in eine Stadt und setzte sich unter einen Baum. *(Die Jesus-Figur unter einen Baum setzen.)*

Wo Jesus war, kamen schnell viele Menschen zusammen. *(Die anderen Figuren um Jesus herumstellen.)*

Sie wollten hören, was er zu sagen hatte. Sie spürten, dass er von Gott kommt und von Gott erzählt.

Am Rande der Stadt wohnte Zachäus. *(Zachäus hochhalten)*

Ihn mochte niemand gern. Mit ihm wollte niemand etwas zu tun haben, weil er so gemein war. Er hatte den anderen mehr Geld weggenommen, als er durfte: *(Stadtmauer mit Stadttor aufbauen. Zachäus davor setzen.)* Jeder, der in die Stadt hineinging, musste dem Zachäus Geld geben. Er hat immer viel zu viel eingesammelt. Deswegen mochte ihn niemand.

Zachäus wollte nun auch hören, was Jesus zu sagen hatte, aber keiner ließ ihn durch. *(Mit der Zachäus-Figur versuchen, sich zu Jesus hinzustellen.)*

Zachäus war ein kleiner Mann. Und er konnte nichts sehen, weil die anderen vor ihm standen. *(Zachäus hinter die anderen stellen.)*

Da kletterte er auf den Baum. Von da oben konnte er Jesus sehen und hören. *(Zachäus oben auf den Baum setzen.)*

Doch mit einem Mal schaute Jesus zu ihm hinauf und rief: „Zachäus, komm herunter. Ich will dich in deinem Haus besuchen und mit dir zusammen essen."

Jesus kannte Zachäus mit Namen. Da staunte Zachäus und er freute sich darüber.

Die anderen Leute aber waren ärgerlich. Sie wollten nichts mit Zachäus zu tun haben und schon gar nicht zu ihm in sein Haus gehen. Jesus aber ging in sein Haus und sie aßen zusammen. *(Zachäus und Jesus an einen gedeckten Tisch setzen.)*

Jesus sagte zu ihm: „Heute ist diesem Haus Heil widerfahren, denn auch Zachäus ist ein Kind Abrahams." Von nun an wusste Zachäus, Gott hat mich lieb. Er gehörte zu Gott. Jesus hatte ihn gerufen. Jesus hatte mit ihm gegessen.

Das hat sein Leben verändert. Gottes Liebe war ihm in Jesus begegnet. Und nun wollte er diese Liebe an die anderen Menschen weitergeben. Von nun an wollte er nicht mehr Geld als nötig eintreiben. Jetzt wollte er Geld verschenken und nicht mehr so gemein zu den anderen sein.

1. Aktion

Jesus kannte Zachäus mit Namen. Er hat ihn mit seinem Namen gerufen. Gott kennt alle unsere Namen. In der Taufe werden wir von Gott bei unserem Namen gerufen. Da wird uns ein Wort aus der Bibel gesagt, aus Jesaja 43, Vers 1: Gott spricht: *„Fürchte dich nicht, denn ich habe*

dich erlöst; ich habe dich bei deinem Namen gerufen; du bist mein."
Nun wird der Name eines Kindes gerufen. Kleine Kinder werden von der Begleitperson in die Höhe gehoben, ältere Kinder können schon selbst einmal aufspringen. Sind überwiegend ältere Kinder da, können sie mit Namen gerufen werden, und sie können sich in den Kreis setzen.

2. Aktion
Die Erwachsenen beschriften ein Namensschild, das dem Kind angeheftet wird.

Lied: „Ja, Gott hat alle Kinder lieb" oder „Vater Abraham hat viele Kinder" (Weitere mögliche Lieder: „Ich freue mich und springe", Strophe 4 und 5 und „Ich trage einen Namen, bei dem der HERR mich nennt")

Erinnerung an diesen Gottesdienst
Namensschild

Juli

Alles hat seine Ordnung (1. Mose 1,1-31)
Ordnung – die Umwelt kennenlernen

Vorüberlegungen

Kommen wir auf die Welt, dann lernen wir unsere Umwelt erst allmählich kennen. Am Anfang ist der uns bekannte Radius, in dem wir uns bewegen, noch ganz klein. Er wird von Tag zu Tag größer. Ein Kind findet sich gut zurecht, wenn es in den Dingen, die es umgibt, eine Ordnung erkennt. Das verhilft ihm zur Orientierung und verleiht ihm Sicherheit.

Wie es am Anfang der Bibel vom ersten Schöpfungstag erzählt wird, so ist es auch für ein Kind, wenn es auf die Welt kommt: Mit einem Mal wird es hell, so hell, das es anfangs noch nicht viel unterscheiden kann. In den nächsten Tagen, Wochen und Monaten nimmt es immer mehr aus seiner Umwelt wahr. Es lernt mit Tag und Nacht zu leben und kommt erst nach einigen Wochen in einen Tag-Nacht-Rhythmus. Es lernt oben und unten kennen, den Himmel und die Erde. Kann es zunächst noch nicht die leblose Umwelt von der Lebendigen unterscheiden, so lernt es aber in den ersten drei Jahren Landtiere von den Wassertieren zu unterscheiden und sieht die Vögel im Himmel. Auch die unterschiedlichen Pflanzen bekommen alle einen Namen und das Kind erfährt, wie alles einen Namen hat und in einer bestimmten Ordnung existiert.

Noch bis zur Einschulung ist es für das Kind unvorstellbar, dass es vor ihm schon etwas gegeben hat. In der Schöpfungsgeschichte wird erzählt, dass die Menschen zuletzt auf die Erde gekommen sind.

So verhilft diese Geschichte dazu, das Kind beim Kennenlernen seiner Umwelt zu begleiten.

Dieser Gottesdienst kann das ganze Jahr über gefeiert werden, passt aber sehr gut in die Zeit vom 1. September bis 4. Oktober. Ab dem Jahr 2008 wurde empfohlen, in dieser Zeit einen Ökumenischen Schöpfungstag zur Bewahrung der Schöpfung zu feiern.

Material

Braunes, schwarzes, gelbes, hellblaues, dunkelblaues und ein grünes Tuch (oder Pappe). Gebastelte Sonne, Mond und Sterne, Fische, Vögel und Landtiere als Spielfiguren, auch Bäume und Büsche.
Ein Mann und eine Frau als Spielfiguren.

Verkündigen mit Aktion

Hier in der Kirche hören wir Geschichten aus der Bibel. In diesem Buch wird erzählt, was Menschen mit Gott erlebt haben. Heute wollen wir uns die erste Geschichte anschauen. Sie erzählt davon, wie es ganz am Anfang auf der Erde ausgesehen hat.

Ganz am Anfang war noch gar nichts da. *(Braunes Tuch auf den Fußboden legen).*

Es war dunkel und die Erde war leer. *(Schwarzes Tuch über das braune ausbreiten).*

Da sprach Gott: „Es werde Licht!" Und es wurde hell. *(Das gelbe Tuch neben das schwarze legen, das schwarze nun zur Seite ziehen, damit man das braune sieht).* Das geschah am ersten Tag.

Am zweiten Tag schuf Gott den Himmel über der Erde. *(Hellblaues Tuch an die Oberseite des braunen angrenzend hinlegen.)* Nun gab es oben und unten.

Am dritten Tag trennte Gott das Wasser vom Land. *(Dunkelblaues Tuch an die noch freie Seite vom braunen Tuch legen).* Jetzt gab es das Meer und die Erde.

Danach ließ Gott Gras und Kraut, Büsche und Bäume auf der Erde wachsen. Die Erde wurde grün. *(Grünes Tuch gekräuselt über das braune legen.)* Die Pflanzen hatten nun Licht und Wasser zum Wachsen.

Am vierten Tag setzte Gott Lichter in den Himmel: Ein ganz großes helles Licht für den Tag. Das nannte er Sonne. *(Eine gebastelte Sonne in das blaue Himmelstuch legen.)* Und für die Nacht den Mond und die Sterne. *(Gebastelten Mond und Sterne auf das schwarze Tuch legen.)* So entstand die Zeit: Tage, Wochen, Monate und Jahre.

Überlegt mal, was jetzt noch fehlt! *(Pause)*
Es ist noch gar kein Leben auf der Erde!

Nun schuf Gott die Tiere im Wasser und im Himmel. Die Fische und die Vögel. *(Fische auf das dunkelblaue Tuch, Vögel auf das hellblaue Tuch legen).* Das geschah am fünften Tag.

Jetzt gab es Tiere im Wasser und am Himmel. Es fehlen noch Tiere auf der Erde. Am sechsten Tag schuf Gott die Landtiere. *(Kiste, die bis jetzt abgedeckt und mit verschiedenen Spielfiguren gefüllt ist, aufdecken und die Kinder die Tiere benennen lassen und von ihnen auf das braune und grüne Tuch setzen lassen.)*

Jetzt schaut mal, wer alles auf der Erde lebt. Da fehlt noch jemand! Zuletzt schuf Gott den Menschen. Er schuf den Menschen als Mann und als Frau. *(Zwei Spielfiguren dazu stellen).*
Seht mal, wie schön nun alles geworden ist.
Gott sah alles an, was er gemacht hatte und er fand es sehr gut!
Am siebenten Tag ruhte er sich aus.

Gott hat an alles gedacht! Er hat es gut mit uns gemeint und alles um uns herum wunderbar geschaffen.

Lied: „Du hast uns deine Welt geschenkt, den Himmel, die Erde"
(In jeder Strophe besingen, was in der Mitte liegt.)

August

Am frischen Wasser: Taufe –Tauferinnerung (Jeremia 17,7.8)
Wachsen

Vorüberlegungen

Die kleinen Kinder nehmen wahr, wie die Bäume immer größer werden, wie alles wächst. Nachdem im Frühling die kahlen Bäume grün geworden sind, ist der Sommer die Zeit des Wachsens. Auch die Kinder werden immer größer. Zum Sommer bekommen sie neue Schuhe und Sandalen, weil es nun wärmer wird.

In der Bibel gibt es ein Bild für jemanden, der sich auf Gott verlässt: Er ist wie ein Baum, der am Wasser gepflanzt ist. Auch wenn trockene Zeiten ohne Regen kommen, er wird immer wachsen und Frucht bringen. Dieses Bild passt auf die Kinder, die durch ihre Taufe am Wasser „gepflanzt" sind. Sie dürfen aus diesem Wasser leben, auch wenn es Dürrezeiten im Leben geben wird: Wer sich auf Gott verlässt, ist wie ein Baum, der am Wasser gepflanzt ist, und seine Wurzeln zum Bach hinstreckt.

Material

Ein langes blaues Tuch, gebastelte Sonne am Stil, aus grünem Papier ausgeschnittene Blätter, aus rotem Papier ausgeschnittene Äpfel oder verschiedenfarbige aufgeblasene Luftballons, auf die eine Frucht gemalt ist.

Verkündigen mit Aktion

Habt ihr euch draußen die Bäume angesehen? Sie haben jetzt viele grüne Blätter. Eine große grüne Pracht. Manchmal kann ich eine Straße entlanggehen und rechts und links stehen Bäume. Dann gehe ich wie unter einem Blätterdach hindurch. Die Bäume spannen ihre Arme weit über die Straße. *(Mit den Armen beim Erzählen andeuten.)*
Die Geschichte, die ich euch heute aus der Bibel erzählen will, handelt von ganz besonderen Bäumen. Dort wird gesagt:
Wer sich auf Gott verlässt, wer Gott vertraut, der ist wie ein Baum, der am Wasser gepflanzt ist und seine Wurzeln zum Bach hinstreckt.
Wer möchte jetzt mal diesen Baum spielen? Die Füße sind die Wurzeln. Die stehen direkt am Wasser. Der Körper ist der Baumstamm und die Arme sind die Äste. An ihnen hängen die Blätter und auch ein Apfel.
(Ein langes blaues Tuch ist schon vor dem Gottesdienst vom Taufbecken aus in die Mitte des Kreises ausgelegt worden, wie ein Bach, der vom

Taufbecken aus fließt. Daran steht ein Kind, das den Baum spielt. Dem Kind ein grünes Blatt in die eine Hand geben.)
Seht mal: Dieser Bach fließt von dort. Und hier steht unser Baum.
Wenn es heiß wird *(gebastelte Sonne nach oben halten)*, vertrocknen seine Blätter nicht. Sie werden grün. Der Baum steht nämlich an dem Bach und bekommt von ihm immer Wasser.
Auch wenn ein trockenes Jahr ohne Regen kommt, bringt er Früchte, weil er an dem Bach gepflanzt ist. *(Aus rotem Papier ausgeschnittenen Apfel oder Frucht als Luftballon dem Kind in die Hand geben.)* Dort steht er gut. Er streckt seine Wurzeln zum Wasser hin aus.
Wer sich auf Gott verlässt, wer ihm vertraut, der ist wie so ein Baum. Der steht gut und fest, der wächst und trägt Früchte. Auch wenn lange Zeit kein Regen fällt und es trocken ist. Er wird immer wachsen und Frucht bringen.
(Wenn ein Erwachsener mag, kann er einen Baum spielen, der keine Blätter und Früchte trägt, sondern abseits des Baches steht, ganz vertrocknet ist und seine Arme schlapp nach unten hängen lässt.)
Schaut mal her, woher unser Bach fließt: Ja, er kommt vom Taufbecken. Ihr wisst, dass dort mit Wasser getauft wird. Durch unsere Taufe sind wir wie Bäume, die an einem Wasser gepflanzt sind. Von diesem Wasser können wir leben, auch wenn es Dürre-Zeiten im Leben geben wird: Wer sich auf Gott verlässt, ist wie ein Baum, der am Wasser gepflanzt ist, und seine Wurzeln zum Bach hin streckt.

Aktion
Alle Kinder dürfen sich jetzt an dem Bach aufstellen und Bäume sein. Sie bekommen nach und nach von einem Erwachsenen grüne Blätter und rote Früchte gereicht. Mit ihren Armen können sie spielen, dass der Baum in die Höhe wächst, indem sie die Arme langsam nach oben heben. Während die Kinder nun weiter am Wasser gepflanzte Bäume spielen, singen die Erwachsenen dazu ein **Lied:**
„Ohne Wasser können wir nicht leben", Strophen 1, 2 und 5

Lied: „Wer Gottes Wort hört"

Erinnerung an diesen Gottesdienst
Jedes Kind kann sein Blatt und seine Frucht am Ende des Gottesdienstes mit nach Hause nehmen.

September

Arche Noah (1. Mose 6,5 - 9,17)
Finsternis / Licht / Farben / Jahreszeiten / Tiere kennenlernen

Vorüberlegungen
Kinder machen mit ihren Eltern Ausflüge und lernen die Tiere der Umgebung und aus anderen Ländern kennen, wenn sie in einen Tierpark gehen. Tiere kennen zu lernen, bereitet ihnen viel Freude.

Zudem knüpft dieser Gottesdienst daran an, dass die Kinder im Laufe ihrer ersten drei Lebensjahre die Jahreszeiten wahrnehmen. Auch dafür steht diese Geschichte, denn sie endet, *„Solange die Erde steht, soll nicht aufhören Saat und Ernte, Frost und Hitze, Sommer und Winter, Tag und Nacht."* (1. Mose 8,22) Dieser Tages- und Jahreszeitenrhythmus gibt unserem Leben Verlässlichkeit.

Material
Braunes Tuch und blaue Tücher, großes schwarzes Tuch, blaue Plastiksäcke, Schüssel, Spielgießkanne mit Wasser, Arche Noah, Noah, seine Frau und ihre drei Söhne als Spielfiguren, verschiedene Tierpärchen, weiße Taube mit grünem Zweig, schwarzer Rabe, gebastelte Sonne und Regenbogen.

Verkündigen mit Aktion
Vor vielen Jahren war es gar nicht mehr schön auf der Welt. Die Menschen haben sich oft gestritten und geschlagen. Sie haben böse Worte zueinander gesagt und auch zu den Tieren waren sie nicht freundlich. Das hat Gott gar nicht gefallen.

Da sagte er: „Ich werde eine große Überschwemmung schicken. Tag und Nacht soll es regnen. Alles Leben soll untergehen." Noah aber war ein Mann, der auf Gott hörte, und ihm vertraute. Gott sagte zu ihm: „Bau eine Arche, ein großes Schiff aus Holz. Wenn du die Arche fertig hast, dann geh hinein. Nimm deine Familie mit und auch die Tiere sollen mitkommen, von jedem ein Paar. Und nimm genug zu Essen mit."

Und so geschah es:

Noah baute eine Arche. Seine drei Söhne Sem, Ham und Jafet halfen ihm dabei. *(Noah, seine drei Söhne und ein Schiff auf ein braunes Tuch stellen).* Tag und Nacht haben sie gearbeitet, bis das Schiff endlich fertig war. Die Leute wunderten sich sehr: „Ein Schiff auf trockenem Land, was soll das?"

Noah holte alle Tiere auf das Schiff, immer zwei von einer Sorte. *(Tiere auf das Schiff bringen.)*

Dann ließ Gott es vierzig Tage und Nächte regnen. Es war alles grau in grau. Es gab kein Licht und keine Farben. *(Mit blauer Plastiktüte rascheln und blaue Tücher um die Arche legen. Wasser aus kleiner Spielgießkanne in Waschschüssel laufen lassen. – Darunter liegt eine Plastikdecke. – Großes schwarzes Tuch als durch Wolken verdunkelter Himmel über die Arche bzw. die Gruppe halten und damit wedeln, um Wind anzudeuten.)*

Das Schiff schwamm sicher auf dem Wasser.

Dann hörte es auf zu regnen. *(Schwarzes Tuch wegnehmen und Regen einstellen.)*

Nach einiger Zeit ließ Noah einen Raben fliegen, um zu sehen, ob es irgendwo Pflanzen gab. *(Schwarzen Vogel fliegen lassen.)* Er brachte aber noch keinen Zweig zu Noah.

Die Sonne begann zu scheinen. *(Sonne hochhalten)*

Dann ließ er eine weiße Taube fliegen. *(Weiße Taube fliegen lassen.)* Sie brachte Noah eine frohe Botschaft: Es gibt wieder Leben auf der Erde. Sie hielt einen grünen Zweig mit Blättern im Schnabel. *(Taube bringt kleinen grünen Zweig.)*

Nun wusste Noah, das Wasser ist abgelaufen. Die Pflanzen beginnen wieder, auf der Erde zu wachsen. *(Blaue Tücher wegnehmen.)*

Als das Wasser ganz verschwunden war, erschien ein Regenbogen am Himmel *(gebastelten Regenbogen über die Arche stellen)*. Nun war es wieder fröhlich bunt auf der Erde. Die graue Zeit war vorbei. Noah konnte mit allen Tieren und seiner Familie an Land gehen. *(Alle auf das braune Tuch stellen.)*

Jetzt war nicht mehr alles grau in grau. Nun konnte man wieder Sommer und Winter, Tag und Nacht unterscheiden.

Mit dem Regenbogen hat Gott den Menschen ein Zeichen dafür in den Himmel gestellt, dass er sich mit ihnen versöhnt hat, und es nach einer dunklen Zeit wieder gut wird.

Aktion

Gemeinsam mit den Kindern die Tiere auf die Arche setzen und am Ende der Geschichte wieder runtergehen lassen. Dabei sagen die Kinder die Namen der Tiere. Die Kinder können das Boot unter dem Regenbogen hindurchschieben.

Jedes Kind bekommt eine gebastelte weiße Taube mit nach Hause.

Lied: Mit dem Lied „Gott hält die ganze Welt in seiner Hand" alle Tiere besingen. Dabei werden sie hochgehalten: „Gott hält die Tiger und die Löwen in seiner Hand. Gott hält Elefanten und Giraffen in seiner Hand..."

Andere Gestaltungsmöglichkeit
Wer keine Spiel-Arche besitzt, baut sich ein Schiff aus Pappe und klebt auf das Deck Styropor. Die verschiedenen Tiere können aus dem Internet paarweise ausgedruckt werden. Sie werden laminiert, ausgeschnitten und einzeln auf einen Schaschlikspieß geklebt. Dann können die Kinder gemeinsam mit den Erwachsenen die Tiere auf das Schiff stecken. Nach der Aktion darf sich jedes Kind sein Tier mit nach Hause nehmen.

Erinnerung an diesen Gottesdienst
Jedes Kind kann ein auf Papier ausgeschnittenes und laminiertes Tier mitnehmen. An dem Tier ist ein kleiner Faden zum Aufhängen befestigt.

Oktober

Erntedankfest (Psalm 107,1)
Essen, Früchte, Danken

Vorüberlegungen

Essen ist ein elementares Bedürfnis und lebensnotwendig. Das kann besonders im Umgang mit den unter Dreijährigen erlebt werden. Die Eltern überlegen genau, was sie ihren Jüngsten zu Essen geben. Hier ist der Anknüpfungspunkt für diesen Gottesdienst im Leben der Kleinsten.

Mit diesem Gottesdienst wollen wir aber auch die Kinder im Lauf der Jahreszeiten begleiten. Den Spätsommer und Herbst erleben wir als Erntezeit. Die Früchte sind jetzt reif und können gegessen werden. Die Kinder lernen verschiedene Früchte kennen.

Zum Leben aus dem christlichen Glauben gehört, dass wir unser Leben und alles, was wir zum Leben brauchen, dankbar von Gott empfangen. Er schenkt und bewahrt unser Leben. Das kann darin zum Ausdruck kommen, dass wir in diesem Gottesdienst für die Früchte, die wir essen, Gott danken.

Am Sonntag nach dem Michaelistag, meist Anfang Oktober, wird in der Kirche das Erntedankfest gefeiert.

Der Gottesdienst der Eltern-Kind-Gruppe liegt nicht immer Anfang Oktober. Es kann der Spätsommer im September (Herbstanfang ist der 23. September) oder der Herbst im Oktober genutzt werden, um Gott für die Ernte zu danken.

Material

In der Woche davor wird in der Gruppenstunde angesagt, dass jedes Kind bitte zum Gottesdienst eine Frucht mitbringen möge. Auf diese Weise bekommt diese Frucht für das Kind eine besondere Bedeutung und es richtet seine Aufmerksamkeit darauf, wenn es sie von zuhause in die Kirche trägt.

In der Gruppenstunde davor können Früchte aus bunter Pappe gebastelt werden, auf die ein Gebet geschrieben wird, das die Eltern und ihre Kinder als Tischgebet am Ende des Gottesdienstes mit nach Hause nehmen: „Alle guten Gaben, alles was wir haben, kommt Gott von dir, wir danken dir dafür. Amen." Auf die Rückseite wird das Wort aus Psalm 107,1 geschrieben, das auch zuhause als Tischgebet gesprochen werden kann: *„Danket dem Herrn, denn er ist freundlich, und seine Güte währet ewiglich. Amen."*

Verkündigen mit Aktion
(In die Mitte wird eine große Schale oder Korb gestellt, in den die Kinder ihre mitgebrachten Früchte hineinlegen können. Zunächst ist sie noch leer.)
In der Bibel wird davon erzählt, dass Gott die Früchte wachsen lässt. Ihr habt sicher schon gesehen, wie nun die Äpfel an den Apfelbäumen hängen.
In der Bibel wird auch davon erzählt, dass wir Menschen Gott dafür danken. Da heißt es: „Danket dem Herrn, denn er ist freundlich und seine Güte währet ewiglich." (Psalm 107,1)
Das wollen wir heute tun.
Ihr habt alle etwas von zuhause hierher in eure Kirche mitgebracht. Zeigt doch mal her. Jeder darf jetzt seine Frucht hier in den Korb legen. *(Dabei die Früchte benennen lassen.)*
Nun lasst uns Gott für diese Früchte danken und gemeinsam beten. Ich spreche das Gebet einmal vor: „Alle guten Gaben, alles, was wir haben, kommt Gott von dir, wir danken dir dafür."
Und nun lasst uns gemeinsam beten: „Alle guten Gaben, alles, was wir haben, kommt Gott von dir, wir danken dir dafür. Amen." Lasst es uns noch einmal sprechen. Es ist ein schönes Gebet, das wir auch zuhause als Tischgebet sprechen können, wenn wir Gott für unser Essen danken: „Alle guten Gaben, alles, was wir haben, kommt Gott von dir, wir danken dir dafür. Amen."

Aktion: Fühlkorb
(Einen zweiten Korb hinstellen, der mit einem Tuch abgedeckt werden kann.)
„Jetzt lege ich einige Früchte in diesen Korb und decke ein Tuch darüber. Ihr dürft jetzt mal eine Frucht in die Hand nehmen, sie fühlen und raten, wie sie heißt. Wer mag anfangen?" *(Kinder Früchte raten lassen und wieder in den Korb legen.)*

Lied: *(Alle Früchte liegen für alle sichtbar im Korb in der Mitte.)*
Mit dem nächsten Lied danken wir Gott für jede einzelne Frucht.
„Du hast uns Deine Welt geschenkt, den Himmel die Erde. Du hast uns Deine Welt geschenkt, Herr wir danken Dir."

(Nun in jede Hand eine Frucht nehmen und dabei singen:)
„Du hast uns Deine Welt geschenkt, die Tomate, den Apfel, Du hast uns Deine Welt geschenkt, Herr wir danken Dir."
(Solange singen, bis jede Frucht an der Reihe gewesen ist.)

Erinnerung an diesen Gottesdienst
Die gebastelten Gebete werden ausgeteilt. Im Gemeindehaus schließt sich ein Frühstück an, bei dem die Früchte verspeist werden.

Alternative:

Herbst – Baum – Vergänglichkeit (1. Mose 1,11)

Vorüberlegungen
Die Kinder haben im Herbst viel Freude daran, durch die heruntergefallenen Blätter zu laufen und mit ihnen zu rascheln. Sie sehen, wie die Blätter ihre Farbe verändert haben und die Bäume immer bunter werden. Sie beobachten, wie der Wind die Blätter vom Baum weht und wie die Bäume immer kahler werden. Absicht dieses Gottesdienstes ist es, die Kinder bei der Wahrnehmung ihrer Umwelt zu begleiten. Dabei werden ihnen die Augen für Gottes Schöpfung geöffnet.

Material
Braunes Tuch, trockene verschiedenfarbige Blätter, gebastelte braune, gelbe und rote Blätter, gebasteltes Eichhörnchen, Vögel, Kastanien, Nüsse, Eicheln, Äpfel, in einem mit einem Tuch abgedeckten Korb.

Verkündigen mit Aktion
In der Bibel wird davon erzählt, dass Gott die Bäume für uns wachsen lässt. Da heißt es: *(Bibelstelle 1. Mose 1,11 vorlesen.)* „*Und Gott sprach: Es lasse die Erde aufgehen Gras und Kraut, das Samen bringe, und fruchtbare Bäume auf Erden, die ein jeder nach seiner Art Früchte tragen, in denen ihr Same ist. Und es geschah so.*"

(Von den Bäumen erzählen.) Draußen könnt ihr sehen, wie die Bäume nun ihre Blätter verlieren. Erst waren die Blätter grün, dann wurden sie braun, rot oder gelb. Wenn der Wind stark weht, dann fallen sie herab und der Wind bläst sie umher.

(Mithilfe des eigenen Körpers einen Baum beschreiben. Aufstehen und auf den Körper zeigen.) Schaut mal her. Ich bin jetzt ein Baum. Mein Körper ist der Stamm und meine Arme sind die Äste. Meine Füße sind die Wurzeln. An meinen Ästen hängen die bunten Blätter. *(Verschiedenfarbige Blätter in die Hand nehmen.)*

Wenn der Wind bläst, dann fängt der Baum an zu wackeln und die Blätter fallen runter. *(Mein Körper und die Arme beginnen zu wackeln und die Blätter fallen auf den Fußboden.)*

1. Aktion

Jetzt könnt ihr mit mir zusammen „Bäume spielen." *(Die Kinder stellen sich vor die Erwachsenen und spielen mit ausgebreiteten Armen Bäume.)*

An euren Ästen wachsen Blätter. Im Herbst sind sie nicht mehr nur grün, sondern gelb, rot oder braun. *(Sie bekommen gelbe, rote und braune gebastelte Blätter in die Hände.)*

Im Herbst gibt es immer mal wieder Stürme. Dann weht der Wind stark und die Blätter fallen runter. Der Wind rüttelt an den Bäumen und sie wackeln hin und her. *(Der Erwachsene hinter dem Kind spielt den Wind. Er rüttelt an dem Baum. Die Blätter fallen auf den Boden. Das Kind lässt sie fallen.)*

2. Aktion

Im Herbst weht der Wind die Blätter von den Bäumen. Sie fallen auf die Erde und sie fliegen umher. *(Braunes Tuch oder eine braune Decke ausbreiten. „Das ist die Erde," sagen. Darauf mitgebrachte getrocknete Blätter ausschütten.)*

Lasst uns jetzt zusammen den Wind spielen. *(Das Tuch mit den Blättern von einigen Kindern anfassen lassen, hochheben und bewegen, bis sie vom Tuch fallen. Solange spielen, bis alle Kinder, die möchten, an der Reihe waren.)*

3. Aktion

An den Bäumen wachsen auch Früchte: Gott hat es gut mit uns gemeint. An den Bäumen wachsen leckere Sachen, die wir oder die Tiere essen können: Äpfel, Pflaumen, Kastanien, Nüsse.

Fühlt mal, was alles an Bäumen wachsen kann. *(Fühlkorb mit Kastanien, Nüssen und Äpfeln herumgeben.)*

Auf einem Baum, da leben viele Tiere. Bei uns im Garten wohnt ein Eichhörnchen auf einem Baum. Es isst Nüsse und Eicheln. Auch Vögel wohnen im Baum und bauen dort ihre Nester.

4. Aktion

Einen großen aus Pappe ausgeschnittenen Baum auf den Fußboden legen. Die Kinder können dort gemeinsam mit der Begleitperson die Früchte aus dem Fühlkorb und aus Pappe ausgeschnittene Blätter, Früchte, Tiere und Nester anlegen.

Lied: „Wachse, kleiner Baum"

Erinnerung an diesen Gottesdienst

Die Kinder nehmen ihr Blatt und ihre Frucht mit nach Hause.

November

Martini – Bibel – Geburtstag:
Martin Luthers Geburtstag am 10. November

Vorbemerkungen
Der Geburtstag ist schon für die Kleinsten ein besonderer Tag. Martin Luthers Geburtstag wird am 10. November in einigen Gegenden Ostfrieslands gefeiert, indem die Kinder mit ihren Laternen von Haus zu Haus ziehen und Martini-Lieder singen, die die Lebensgeschichte Luthers erzählen. Dafür bekommen sie Süßigkeiten in ihre Taschen.

Absicht dieses Gottesdienstes ist es, den Kindern nahe zu bringen, dass Martin Luther ein wichtiger Mann unserer Kirche ist und dass wir deswegen seinen Geburtstag feiern. Außerdem werden die Kinder mit dem Wort „Bibel" vertraut gemacht.

Material
Schon zwei bis drei Wochen vorher kann in der Gruppenstunde damit begonnen werden, Laternen zu basteln. Dabei wird schon darüber gesprochen, dass bald Martini ist. Die Kinder bringen dann ihre Laternen mit in die Kirche.

Ein großes Bild, auf dem Martin Luther mit der Bibel zu sehen ist, eine große Bibel und eine Kinderbibel werden für den Gottesdienst benötigt.

Verkündigen mit Aktion
Ich habe euch etwas mitgebracht! (*Ein großes Bild von Luther zeigen, auf dem er eine Bibel in der Hand hält. Damit herumgehen und beschreiben lassen, was darauf zu sehen ist.*)

Vor langer Zeit ist Martin Luther geboren worden. Darüber freuen wir uns so, dass wir noch heute seinen Geburtstag feiern. Schaut mal auf dieses Bild. Da seht ihr, was er in der Hand hält. Könnt ihr es erkennen? Ich will euch mal zeigen, was er in der Hand hält. (*Ich gehe zum Altar und hole von dort eine große Bibel.*)

Ein Buch! Ein ganz besonderes Buch. Die BIBEL. In der Bibel sind Geschichten aufgeschrieben. Darin wird erzählt, was Menschen mit Gott erlebt haben. Hier in der Kirche wird immer aus der Bibel vorgelesen oder es wird daraus eine Geschichte von Gott und den Menschen erzählt.

Martin Luther war die Bibel ganz besonders wichtig. Er hat sie in unsere Sprache übersetzt, damit wir die Geschichten verstehen können. Darüber freuen wir uns und feiern heute seinen Geburtstag.

1. Aktion
Ihr habt eure Laternen dabei. Zeigt mal her. Wie sehen sie aus?
(Laternen beschreiben.)
Zu Martin Luthers Geburtstag gibt es ein schönes Lied, das eure Eltern singen können.
Haltet mal eure Laternen hoch und zündet sie an und wir singen dabei miteinander die ersten drei Verse von „Martinus Luther war ein Christ":
„*(1) Martinus Luther war ein Christ, ein glaubensstarker Mann, weil heute sein Geburtstag ist, zünd ich mein Lichtlein an. (2) Und sing ein Lied nach altem Brauch aus voller Brust heraus. So singend zog Martinus auch als Kind von Haus zu Haus. (3) Und als geworden er ein Mann, ward er ein helles Licht. Dies deutet auch mein Lichtlein an, wenn es die Nacht durchbricht.*"

2. Aktion
In unserer Kirche findet ihr eine Figur, die Martin Luther darstellt. Sucht sie und seht euch mal an, was er in der Hand hat. *(Eine Bibel)*

Erinnerung an diesen Gottesdienst
Die Eltern-Kind-Gruppe bekommt vom Pfarramt eine Kinderbibel geschenkt oder jedes Kind eine Bibelgeschichte in einem kleinen Büchlein.

Ende des Kirchenjahres

Segen: „Von allen Seiten umgibst Du mich
und hältst Deine Hand über mir." (Psalm 139,5)
Hände – Nicht allein sein

Vorüberlegungen

Die Kinder entdecken ihre Hände. Sie kennen Fingerspiele aus der Gruppenstunde oder von zuhause („Zehn kleine Zappelfinger", „Das ist der Daumen, der pflückt die Pflaumen").

In diesem Gottesdienst sind die Hände und ihre besondere Aufgabe beim Segnen das Thema. Die Eltern sind unsicher, ob sie im Gottesdienst segnen dürfen. Sie dürfen! Es kommt nicht auf die Person an, die segnet, sondern es ist Gott, der segnet. Es kommt auf die Worte an, die gesprochen werden, nicht auf die Person. So darf in lutherischen Landeskirchen jede und jeder im Gottesdienst segnen.

Am Ende des Gottesdienstes gehen die Kinder jedes Mal mit dem Segen Gottes, d.h. sie gehen durch seine Kraft begleitet und gestärkt, ihren Weg. Deswegen schließe ich gern mit dem Satz „Der Herr, unser Gott, segne euch. Er begleite euch auf all euren Wegen."

Durch allgemeine Hinweise soll die Aufmerksamkeit der Kinder erst einmal auf die Hände überhaupt gelenkt werden, die danach zur Bibelstelle und zur Segenshandlung hinführen.

Der Gottesdienst fügt sich thematisch gut in das Ende des Kirchenjahres ein.

Material

Eine große Hand aus Pappe (oder auf Pappe aufgemalte Hand) liegt in der Mitte. Darauf steht der Spruch aus Psalm 139,5: *„Von allen Seiten umgibst Du mich und hältst Deine Hand über mir."*

Verkündigen mit Aktion

Heute möchte ich euch eine Geschichte von Gott erzählen. Darin sind Hände besonders wichtig.

Schaut mal eure Hände an: eure Hände können viel:

Sie können klatschen *(klatschen lassen)*.

Wir können uns an den Händen anfassen *(Anfassen)*.

Mit den Händen kann man streicheln *(Die Mama/der Papa kann euch an der Wange streicheln)*.

Eure Mama oder euer Papa kann euch auf Händen tragen *(Kind hoch-heben)*, oder euch festhalten und an sich drücken, euch umarmen *(Kind umarmen)*.

Ihr merkt, wie schön es ist, dass eure Mama oder euer Papa euch mit Händen halten können.

In der Bibel wird davon erzählt, dass Gott für uns da ist. Da heißt es von Gott: „Von allen Seiten umgibst Du mich und hältst Deine Hand über mir." Die Mama (oder der Papa) kann nun die Hand über euch halten und vielleicht sogar die Hand auf euren Kopf legen.

Gott hält seine Hand über uns, wenn wir gesegnet werden. Wer segnet, legt dem anderen die Hand auf den Kopf. So können wir den Segen fühlen. Im Segen sieht Gott uns an. Gott wendet sich uns zu. Er schenkt uns seine Nähe und ganz viel Kraft. Wir können durch seine Kraft gestärkt unseren Weg gehen.

Und nun kann eure Mama oder euer Papa euch die Hand auflegen oder über den Kopf halten und zu euch sprechen: „Gott behüte Dich. Er begleite Dich auf all Deinen Wegen." *(Eltern legen den Kindern die Hand auf und sprechen „Gott behüte Dich. Er begleite Dich auf all Deinen Wegen.)*

Dieses Segenswort können wir jederzeit auch zuhause unseren Kindern zusprechen: morgens, wenn sie in den Spielkreis oder Kindergarten gehen oder nachmittags, wenn sie etwa die Großeltern besuchen. Wenn wir uns von ihnen trennen, dann wissen wir sie von Gott begleitet. Denn in Psalm 139 heißt es: *„Von allen Seiten umgibst Du mich und hältst Deine Hand über mir."*

Aktion
Nun können die Kinder ihre Hand auf die große Pappe legen. Die Erwachsenen können mit einem Stift die Umrisse darauf zeichnen und die Namen hineinschreiben.

Lied
Ich möchte mit euch ein Lied singen. Dazu stehen wir auf:
„Von oben *(Arme nach oben)*, von unten *(Arme nach unten)*,
von hinten und von vorn *(nach vorne und nach hinten springen)*
ist Gott bei mir, ist Gott bei mir *(auf jeder Silbe klatschen)*.
Er sieht mich *(Hand über die Augenbrauen legen, als würde man Ausschau halten)*.

Er hört mich *(Hände an die Ohren legen)*.
Er hält mich an der Hand *(beide Hände ineinander legen)*.
Er ist ganz nah bei mir *(beide Arme über Kreuz auf die Brust legen)*.

Anderes mögliches Lied: „Gott hält die ganze Welt in seiner Hand".

Am Schluss des Gottesdienstes kann beim Segen die Aktion wiederholt werden, dass die Mütter oder Väter ihren Kindern die Hand auf den Kopf legen und dann alle gemeinsam das Segenswort sprechen: „Gott behüte Dich. Er begleite Dich auf all deinen Wegen. Amen."

Weitere kreative Ideen zu diesem Gottesdienst von Tatjana Meyer:
Eine große Hand aus Pappmaschee gestalten, anmalen und in die Handfläche das Psalmwort schreiben.
Außerdem könnte man Handschuhe mitbringen, um die Hand zu thematisieren, oder Kekse in Handform backen und sie nachher beim Tee anbieten.

Erinnerung an den Gottesdienst
Für jeden gibt es eine kleine Pappmaschee-Hand, die auf einer Karte aufgeklebt ist. Auf der Karte steht das Psalmwort.

5. Kinder-Bibelwochenende „Unter Gottes Regenbogen"

Die Mütter einer Krabbelgruppe hatten den Wunsch geäußert, für alle Kinder im Alter von null bis zehn Jahren ein Kinder-Bibelwochenende auszurichten. Ausgangspunkt sollten die Gottesdienste für die Kleinsten sein. So haben wir mit drei Gottesdienstentwürfen ein Wochenende gestaltet. Mit dem Titel „Unter Gottes Regenbogen" konnten wir die Geschichte von der Arche Noah, die Schöpfungsgeschichte und „Wie ein Baum gepflanzt am frischen Wasser" verbinden und alle drei in einem Taufgottesdienst zusammenführen.

Der Regenbogen ist ein fröhliches und farbenprächtiges Motiv. Er ist für die Kinder und die Erwachsenen gleichermaßen anschaulich. An ihm wird deutlich, dass das Leben mit Gott bunt und fröhlich ist, nicht grau in grau! Gott rettet! Das Böse geht im Wasser unter.

Gott schafft neues Leben und schließt einen Bund mit Menschen und Tieren. Das Alte ist vergangen, Neues ist geworden. Das passt wunderbar in die Frühlingszeit und hier in das Wochenende um den Sonntag „Quasimodogeniti", denn wie die neugeborenen Kinder kommen die Täuflinge aus der Taufe.

Anschaulich trugen die Täuflinge in früheren Zeiten ein weißes Taufgewand. Dann sah jeder, dass sie zu den neugeborenen Kindern Gottes gehörten.

In unserem Familiengottesdienst am Sonntag ziehen alle Kinder mit weißen T-Shirts ein, auf denen sie einen Regenbogen und andere Motive der vergangenen Tage gemalt haben.

Die Vorbereitung des Kinderbibel-Wochenendes

Es fanden zwei gemeinsame Vorbereitungstreffen der Pastorin mit den Müttern und dem Ortspastor statt. Zusätzlich trafen sich die Mütter, um das Basteln vorzubereiten.

Das erste Vorbereitungstreffen dient hauptsächlich dazu, den Erwachsenen Inhalt und Botschaft des Bibelwochenendes nahe zu bringen. Wenn sie etwas mit den Bibelgeschichten anfangen können und sich davon angesprochen fühlen, dann können sie den Kindern etwas weitergeben.

In einer Andacht über die Geschichte von Noah und dem Regenbogen bekommen die Erwachsenen einen eigenen Zugang zum Thema. Das wird begleitet mit Erläuterungen zu den einzelnen Farben des Regenbogens. Dabei sollte auf die Bedeutung jeder Farbe hingewiesen werden. Der Regenbogen kann vor unseren Augen auf einem Blatt Papier gezeichnet werden:

Rot ist die Farbe der Liebe. „Gottes Liebe ist so wunderbar!", heißt es in einem Lied, das hierzu passt.

Der äußere Ring des Regenbogens ist Rot. Das erinnert an das Bibelwort aus dem Brief des Paulus an die Kolosser: *„Vor allem aber liebt einander, denn die Liebe ist das Band, das alles zusammenhält und vollkommen macht."* (Kolosser 3,14)

Orange ist die Farbe der Heiterkeit und Fröhlichkeit. Die Farbe des Sonnenaufgangs.

Danach kommt mit Gelb die Farbe der Sonne. „Gottes Liebe ist wie die Sonne", heißt es in einem Lied.

Grün ist die Farbe der Hoffnung, des Neuanfangs und des Frühlings. Die Farbe Grün hat in den sieben Farben des Regenbogens den Platz in der Mitte.

Hellblau ist die Himmelsfarbe und Dunkelblau die Farbe des Wassers. Sie steht für den Glauben und die Treue. Hier klingt das Bibelwort aus Jeremia 17,7 und 8 an: *„Wer sich auf Gott verlässt, ist wie ein Baum gepflanzt am frischen Wasser."*

Der unterste Bogen besteht aus der Farbe Violett. Sie steht für Geduld, Umkehr und Vergeben.

Nach der Beschäftigung mit dem Regenbogen wird der Ablauf des Wochenendes vorgestellt. Die Werbung dafür wird besprochen und eine Einladung verfasst. Die Flyer werden in den Kindergärten und Grundschulen verteilt, im Gemeindebrief wird dazu eingeladen. Der Anmeldeschluss wird angegeben. Die Anmeldungen gehen bei jemandem aus dem Team ein.

Es wird abgesprochen, wer das Material besorgt (Pappen, Papier, Krepppapier in verschiedenen Farben, Pappteller, Hutbänder, Mehl, Salz, Wasser, Apfelsaft, Weißbrot, Würstchen, Ketchup, Senf).

Das erste Treffen des Teams ohne Pastoren:
Tiermasken werden vorbereitet: Augen und Löcher für das Gummiband aus den Papptellern ausstanzen, die Gummibänder an einem Loch festknoten.

Segensworte auf dem Bild eines Regenbogens ausdrucken und auf der Rückseite das Kinderbibelwochenende mit Datum erwähnen. Anschließend wird dieser 4 x 4 cm große Zettel laminiert. Aus Salzteig kleine Wassertropfen vorbereiten und blau anmalen. Mithilfe einer Angelschnur wird ein Wassertropfen mit dem Segenswort zusammengebunden. Das sind die Erinnerungsstücke für alle Teilnehmer des Familiengottesdienstes.

Das zweite Treffen mit der Pastorin und dem Ortspastor fand nach dem Anmeldeschluss statt, denn nun war die Anzahl der Kinder bekannt. Jetzt können die Gruppen und die dazugehörigen Gruppenleiterinnen eingeteilt werden. Die Aufgaben können nun verteilt werden.

Die Gruppen orientieren sich daran, was gebastelt oder gespielt wird. Es soll keine strenge Einteilung nach Altersgruppen geben, weil Geschwisterkinder und Freunde nicht auseinandergerissen werden können.

Der Familiengottesdienst wird durchgesprochen. (Alle bekommen einen Ablauf.)

Das zweite Treffen des Teams ohne Pastoren:
Ein großer Regenbogen aus Holz wird angemalt. Drei große Wolken und eine große Sonne werden gebastelt und jeweils an einem Stock befestigt.

Die Bastelsachen werden vorbereitet: Blumen, Taube, Herzen, Blätter, Wolke, Raben auf entsprechend farbigem Papier.

Ablauf des Wochenendes

Der erste Tag: Freitag 15.00-18.00 Uhr

15.00-15.10 Uhr: Ankommen. Namenschilder verteilen. Dabei wird jeder einzeln im Porträt fotografiert. Das Foto wird am Sonntag als Regentropfen an einen großen hölzernen Regenbogen gehängt, der später im Gemeindehaus einen Platz bekommt.

15.10-15.35 Uhr: „Arche – Noah – Gottesdienst" und Lieder singen (Vaterunser und Segen aber erst in der Abschlussrunde um 17.30 Uhr!)

15.35-15.50 Uhr: Kuchen- und Getränkepause (Die Kuchen sind von Eltern der teilnehmenden Kinder gebacken worden.)

15.50-16.20 Uhr: Draußen mit allen ein Bewegungsspiel spielen oder drinnen mit bunten Flatterbändern ein Tanzspiel durchführen (Tanz-Stop).

16.20-17.30 Uhr: Die Kinder basteln Tiermasken aus den vorbereiteten runden Papptellern, indem sie sie mit dem von ihnen gewählten Tier bemalen. Einige Kinder im Alter von fünf bis zehn Jahren üben das „Kämpfen" mit Spiel-Schwertern, ohne sich dabei weh zu tun. Sie stellen die streitenden Menschen dar, die nicht auf Gott hören. Eine große Arche aus Stühlen und Tüchern wird in der Mitte des Raumes aufgebaut. Dann wird die Geschichte im Rollenspiel gespielt: Einige stellen die streitenden Menschen dar, die von den Wellen weggeschwemmt werden. Die Wellen werden von anderen Kindern gespielt, die mit blauen Müllsäcken wedeln.

Nach einiger Zeit werden blaue Tücher über die Streitenden geworfen und sie liegen dann auf dem Fußboden darunter. Währenddessen wird das Lied „Es ist noch Platz in der Arche" vom CD-Player gespielt und die Tiere werden von Noah in die Arche hineingelassen. Dann wird die Arche verschlossen. *(Stühle schließen den Stuhlkreis.)* Es ist nun dunkel, weil der Himmel mit Wolken verhangen ist. *(Fenster verdunkeln.)*

Die Tiere werden von Noah gefüttert. *(Einfach mit der Hand so tun, als ob man sie füttert und dabei die Tiermasken der Kinder beschreiben.)*

Dann lässt Noah einen schwarzen Raben fliegen. *(Eine Mitarbeiterin kann sich ein schwarzes Tuch überwerfen und durch den Raum „fliegen".)* Danach eine weiße Taube, die einen grünen Zweig bringt. *(Weißes Tuch überwerfen, durch den Raum „fliegen" und mit etwas Grünem in der Hand zur Arche zurückkehren).* Dann verlassen alle die Arche. Die Wellenkinder und „Streithähne" können nun die Tiere spielen und umgekehrt.

Während dieses Rollenspiels dürfen die 0-3-Jährigen in einem anderen Raum mit der kleinen Arche spielen und dann mit den Müttern spazieren gehen, falls es ihnen zu unruhig wird. Ansonsten setzen sie ihre Maske auf und gehen als Tier in die Arche.

Es wäre schön, wenn für das Rollenspiel drei große Wolken, eine große Sonne und ein großer Regenbogen vorbereitet sind. Dann werden sie schon in das Spiel einbezogen. Sie tauchen am Sonntag wieder im Gottesdienst auf.

17.30-17.50 Uhr: Abschlussrunde mit Liedern, Gebet und Segen

17.50-18.00 Uhr: Namenschilder einsammeln. Die Kinder werden abgeholt.

Der zweite Tag: Sonnabend 15.00-18.00 Uhr

15.00-15.10 Uhr: Ankommen, Namenschilder verteilen.

15.10-15.35 Uhr: „Schöpfungsgottesdienst" mit dem Schwerpunkt: Erst war alles finster. Durch das Licht entstehen die Farben. Sie liegen nun in Form der Farbtücher vor unseren Augen. Auf den Tüchern sortiert sich während des Erzählens nach und nach die Welt.

Das Ziel der Schöpfungserzählung ist es, anschaulich zu machen, dass wir Gott diese Welt verdanken, in der wir leben, und alles seine Ordnung hat. Finsternis und Chaos weichen dem Licht und der Ordnung.

15.35-15.50 Uhr: Kuchen und Getränke (Kuchen von Eltern der teilnehmenden Kinder)

15.50-16.20 Uhr: Draußen mit allen ein Bewegungsspiel spielen oder drinnen mit bunten Flatterbändern ein Tanzspiel durchführen (Tanz-Stop). Mit den Kleinsten einen „Schöpfungsspaziergang" unternehmen und dabei Pflanzen und Gegenstände aus der Natur in verschiedenen Farben sammeln und nachher auf Pappe aufkleben.

16.20-17.30 Uhr: Die Kinder bemalen jeder für sich ein weißes T-Shirt mit verschiedenen Farben. Ein buntes T-Shirt mit Regenbogen o.ä. entsteht, das sie im Gottesdienst am Sonntag tragen.

Kinder schneiden grüne Blätter für den Gottesdienst am Sonntag aus.

Sie basteln bunte Papierblumen, Herzen, schwarze Raben, weiße Tauben, graue Wolke und einen Blitz, um damit zwei Räume zu schmücken, in denen am Sonntag nach dem Gottesdienst ein Imbiss gereicht wird.

Der eine Raum wird mit schwarzen Tüchern, schwarzer Pappe und schwarzem Papier und zugezogenen Vorhängen verdunkelt. Dort werden die Raben, die Wolke und der Blitz aufgehängt.

Der andere Teil des Raumes wird mit den verschiedenen Regenbogenfarben aus Krepppapier, den bunten Blumen, den Herzen und den weißen Tauben bunt, hell und fröhlich geschmückt. In den so gestalteten Räumen vereinen sich die Geschichte vom Regenbogen und die Schöpfungsgeschichte.

Wenn man dann von einem Raum in den anderen geht, kommt man vom Dunklen ins Helle.

Einige größere Kinder gestalten die Taufkerze(n) für die Täuflinge am Sonntag, einige kleinere die T-Shirts für die Täuflinge.

17.30-17.50 Uhr: Abschlussrunde mit Liedern, Gebet und Segen

17.50-18.00 Uhr: Namenschilder einsammeln. Die Kinder werden abgeholt.

Der dritte Tag: Sonntag 9.40-12.30 Uhr

9.40 Uhr: Treffen des Mitarbeiterteams und der Kinder an der Kirche. Verteilen der T-Shirts und Namensschilder.

10.00-11.00 Uhr: Gottesdienst

11.00-12.30 Uhr: Imbiss im Gemeindehaus

Übersicht über den Ablauf:

Freitag und Sonnabend:
15.00-15.10 Uhr: Gemeinsamer Beginn: Ankommen und Begrüßung
15.10-15.40 Uhr: Krabbelgottesdienst
15.40-16.00 Uhr: Tee und Kuchen
16.00-17.30 Uhr: Arbeitsgruppen
17.30-17.50 Uhr: Gemeinsamer Abschluss (Erzählen, was wir in den Gruppen erlebt und zeigen, was wir gebastelt haben, Lieder, Vaterunser, Segen)
17.50-18.00 Uhr: Aufräumen und Verabschieden

Thema am Freitag: „Arche Noah"
  - Krabbelgottesdienst „Arche Noah"
  - Das Thema erspielen: Die Kleinsten mit einer Spiel-Arche, die anderen im Rollenspiel
  - Lied: „Es ist noch Platz in der Arche"

Dazu basteln:
  - Tiermasken
  - Arche Noah bauen aus Stühlen und Tüchern
  - Farb-Flatterbänder
  - Großen Regenbogen bauen
  - Taube basteln mit grünem Zweig
  - Für jedes Kind ein 5 x 20 cm Krepppapierblatt
  - Eine große Sonne am Stock
  - Viele graue Wolken am Stock
  - Herzen

Spiele:
  - Farbwechsel: Stuhlkreis, jeder hat sein Flatterband in der Hand. Die Farben, die aufgerufen werden, müssen die Stühle wechseln. Rufe ich „Regenbogen", müssen alle die Stühle wechseln.
  - Farbtanz: Mit Kreide Kreise auf den Fußboden malen. Die Musik spielt. Jeder hat seine Farbe in der Hand und alle tanzen durcheinander. Hört die Musik auf und ich rufe eine Farbe und zeige auf einen Kreis, dann müssen diese Farbkinder sich dort sammeln. Rufe ich „Regenbogen", dann müssen sich alle Regenbogenfarben jeweils einmal zusammenfinden.

Thema am Sonnabend: „Schöpfung" – Die Farben entstehen

1.) Krabbelgottesdienst „Alles hat seine Ordnung"
2.) Anschließend mit den Figuren und Tüchern vom Freitag die Schöpfungsgeschichte spielen. Grau in grau, wüst und leer, Farben, Tiere, Bäume, Sonne
3.) Lied: „Gott hält die ganze Welt in seiner Hand"

Kleingruppen:
1.) Farbspiele
2.) T-Shirts bemalen
3.) 2 Taufkerzen herstellen
4.) Ein Andenken für die Gottesdienstbesucher basteln: Wassertropfen mit einem Segenswort oder weiße Taube mit grünem Zweig
5.) Schöpfungsspaziergang für die Kleinsten

Basteln insgesamt:
1.) Namensschilder
2.) Tiermasken
3.) T-Shirts bemalen
4.) Flatterbänder aus Krepppapier in allen sieben Farben
5.) Etwas zum Mitgeben für die Gottesdienstbesucher
6.) Zwei Taufkerzen
7.) Großer Holz-Regenbogen

Am Sonnabendabend wird in der Kirche mit dem Team der Gottesdienst vom Sonntag durchgesprochen und die Sachen werden in die Kirche gebracht, die zum Gottesdienst benötigt werden: Grüne Blätter, Flatterbänder in allen Farben, große Sonne, drei große Wolken, der große Regenbogen, die Taufkerzen, die T-Shirts für die Täuflinge, Wasserkrüge zum Eingießen des Taufwassers, die Andenken an den Gottesdienst für alle Besucher: Jede und jeder bekommt einen aus Salzteig geformten und angemalten Wassertropfen, der mit einem kleinen Faden mit einem laminierten Zettel verbunden ist, auf dem ein Regenbogen zu sehen ist. Darunter steht das Datum und Motto des Wochenendes: „Unter Gottes Regenbogen", auf der Rückseite die Adresse der Kirchengemeinde.

Sonntagmorgen ist um 9.40 Uhr Treffen des Mitarbeiterteams und der Kinder an der Kirche. Die Kinder bekommen ihre T-Shirts und ziehen sie über, ziehen gemeinsam in die Kirche ein und sitzen alle vorne im Chorraum. So können sie zu jedem Lied, das sie singen, aufstehen und sich vorne wie ein Chor hinstellen. Von dort können sie gut bei der Aktion mitmachen, in der sie während des Gottesdienstes Bäume an einem Bach spielen, der durch die ganze Kirche fließt.

Es wird ein „Aktionsgottesdienst" mit fünf Aktionen werden. An den Kindern orientiert, gibt es möglichst viel zu erleben und dazu erläuternde Worte, aber keine Predigt. Im Gottesdienst haben die sieben Lieder eine wichtige Funktion als „Transportmittel" des Evangeliums. Visuell ist vor allem das Regenbogenlied sehr eindrücklich, wenn die Kinder zu jeder Strophe das passende Flatterband schwenken.

Wichtig ist: Es soll kein „Vorführgottesdienst" der Kinder für die Eltern werden, in dem gezeigt wird, was an den vorigen Tagen erlebt wurde. Wir wollen gemeinsam einen generationenübergreifenden Gottesdienst feiern, der sich aber an den Kindern orientiert.

Ein Familien-Taufgottesdienst als Aktionsgottesdienst

- Kurzes Orgelvorspiel
- Begrüßung und Vorstellen der Tauffamilien

1. **Lied:** „Einfach spitze, dass du da bist" (Gitarre; alle Kinder stellen sich vorne auf)

1. **Aktion: Eingießen des Taufwassers:**
   Einige Kinder gießen Wasser in das Taufbecken.
   Wasserworte: „Das Taufwasser ist das Wasser des Lebens.
   Es ist ein Zeichen der Freundschaft Gottes.
   So wie wir ohne Wasser nicht leben können,
   können wir auch nicht ohne Gott leben.
   Im Wasser der Taufe bin ich neu geboren –
   Durch das Wasser der Taufe gehöre auch ich zu Gott."

2. **Lied:** „Ohne Wasser können wir nicht leben" (Orgel)
   Wassergebet: „Gott, du Schöpfer der Erde und unser aller Schöpfer!
   Wir danken dir für das Wasser, das du geschaffen hast.
   Durch das Wasser erhältst du uns am Leben.
   Durch das Wasser der Sintflut hindurch hast du Noah gerettet.
   Durch das Taufwasser rettest du uns: Du reinigst uns von unserer
   Sünde und schenkst uns neues Leben.
   Durch das Wasser der Taufe wäschst du alles ab, was uns von dir
   trennt. Aus dem Wasser der Taufe kommen wir heraus als neue
   Menschen, die zu Jesus Christus gehören.
   In der Taufe pflanzt du uns wie einen Baum ans frische Wasser.
   Wer sich auf Gott verlässt, ist wie dieser Baum. Auch in dürren
   Zeiten sind seine Wurzeln ausgestreckt zum frischen Wasser. Er
   wird grün und bringt viele Früchte. Dafür danken wir dir. Amen."

Taufbefehl und Kinderevangelium:
   „Wir taufen, weil Jesus es uns so geboten hat, und wir taufen
   Kinder, weil Jesus die Kinder besonders wichtig sind."
   Ich lese den Taufbefehl aus dem Matthäusevangelium, Mt 28,18-20
   (*vorlesen*).
- Kinderevangelium (Mk 10,13-15) *(frei erzählen)*

Eine Person spricht zwei Rollen: Einen Jünger und Jesus.

„Hey ihr da! Weg da! Was fällt euch ein?! Hier könnt ihr nicht herkommen! Nehmt eure Kinder und verschwindet wieder! Wir wollen in Ruhe hören, was Jesus uns zu sagen hat. Da dulden wir keine Kinder! Die sind viel zu unruhig und zu laut!"

Jesus war wieder einmal mit seinen Jüngern zusammen und erzählte ihnen von Gott, seinem Vater. Da kamen aber auch Frauen mit ihren Kindern auf dem Arm oder an der Hand und wollten zu Jesus, doch die Jünger wollten sie nicht zu ihm lassen. Die großen Männer standen um Jesus herum wie eine undurchdringliche Wand. Doch Jesus sah sie kommen und er sagte:

‚Lasst die Kinder zu mir kommen! Wer das Reich Gottes nicht empfängt, wie ein Kind, der wird nicht hineinkommen!'

Er nahm sie auf den Arm, legte ihnen die Hände auf und segnete sie.

3. Lied: Kindermutmachlied (Gitarre)
- Glaubensbekenntnis
- Fragen an Eltern und Paten

2. Aktion: Taufhandlung nach Agende
Dabei wird der Holz-Regenbogen nach oben gehalten.
- Überreichen von Taufkerze und T-Shirt durch Kinder
- **4. Lied:** EG 608 mit dem Namen des Täuflings (Orgel)
- Segnung der Familien und Paten vor dem Altar

3. Aktion: Regenbogen *(frei erzählen)*

„Jetzt habt ihr es gesehen. Als das Wasser der Taufe und das Licht Christi zusammenkamen, ist hier vorne ein Regenbogen erschienen. Ihr erinnert euch an die Geschichte von Noah, die wir miteinander gespielt haben:

Da waren viele graue Wolken am Himmel. Es war schon ziemlich dunkel auf der Erde. Alles war grau in grau. *(Die drei großen grauen Wolken werden nun von drei Erwachsenen im Chorraum hochgehalten.)*

Nach langer Zeit hat die Sonne endlich die Wolken vertrieben. Es wurde wieder hell auf der Erde. (*Ein Erwachsener tritt mit der großen Sonne auf und treibt die Wolken auseinander, bis sie verschwinden.)*

Ein großer Regenbogen ist am Himmel erschienen. *(Zwei Erwachsene halten den Regenbogen nach oben.)*

Nun begann wieder das Leben auf der Erde. Ein buntes Leben mit vielen Farben.

Als Noah eine weiße Taube fliegen ließ, brachte sie ihm einen grünen Zweig. *(Eine an einem Stock befestigte weiße Taube mit einem grünen Zweig im Schnabel etwas umherfliegen lassen.)*

An dem grünen Zweig sieht Noah, es ist wieder Leben auf der Erde! Nach der großen Sintflut wachsen wieder Pflanzen. Die Taube bringt die frohe Botschaft vom neuen Anfang. Das Leben kann wieder neu beginnen."

5. Lied: „Seht ihr den Regenbogen schimmern" *(mit Flatterbändern)*
„Der Regenbogen erzählt uns von Gottes Liebe. Leben unter seinem Regenbogen macht unser Leben bunt. Wir können aus seiner Liebe leben. Paulus schreibt im Brief an die Kolosser (Kol. 3,14): *,Vor allem liebt einander, denn die Liebe ist das Band, das alles zusammenhält und vollkommen macht.'* "

6. Lied: „Ja, Gott hat alle Kinder lieb"

4. Aktion: Wie ein Baum gepflanzt am frischen Wasser.
Ein großes blaues Tuch wird vom Taufbecken durch die Kirche als Bach ausgelegt. Die Kinder bekommen grüne Blätter in ihre Hände und spielen Bäume am Bach. Dazu wird aus dem Gottesdienstentwurf zu Jeremia 17,17 und 18 „Am frischen Wasser" erzählt:

„Wer sich auf Gott verlässt, ist wie ein Baum gepflanzt am frischen Wasser, der seine Wurzeln zum Bach hin ausstreckt.

Seht mal, woher der Bach fließt. Im Wasser der Taufe lässt Gott dieses frische Wasser für uns fließen.

Von diesem Wasser können wir leben, auch wenn es dürre Zeiten im Leben gibt: Wer sich auf Gott verlässt, ist wie ein Baum, der am frischen Wasser gepflanzt ist und seine Wurzeln zum Bach hinstreckt. Von diesem Wasser können wir uns auch heute erfrischen lassen.

Alle Kinder dürfen sich jetzt am Bach aufstellen und Bäume spielen. Jedes Kind bekommt ein grünes Blatt. Eure Füße sind die Wurzeln. Die strecken sich zum Wasser hin. Euer Körper ist der Baumstamm und eure Arme sind die Äste, an denen die grünen Blätter wachsen. Als Zeichen dafür, dass der Baum wächst, hebt ihr eure Arme nach oben."

Nachdem die Kinder einige Zeit lang Bäume gespielt haben:

5. Aktion: Tauferinnerung mit Wasserkreuz für alle
(Pastorin oder Pastor mit einer Mitarbeiterin oder einem Mitarbeiter)
mit Hintergrundmusik. „Jetzt lade ich alle ein, sich von dem Taufwasser
erfrischen zu lassen. N.N. und ich zeichnen euch ein Wasserkreuz in die
Handfläche und sprechen jedem persönlich Gottes Liebe zu."

7. Lied: „Gottes Liebe ist so wunderbar"

Abkündigungen:
Hinweis auf Krabbelgottesdienst und Kindergottesdienst, Einladung ins
Gemeindehaus im Anschluss an den Gottesdienst

Schlussgebet:
    „Herr, unser Gott, lieber himmlischer Vater,
    wir danken dir
    für die drei Tage, die wir am Kinder- Bibelwochenende miteinander
    erleben durften.
    Wir danken dir,
    dass du Noah gerettet hast
    und für alle den Regenbogen schimmern lässt
    und unser Leben bunt machst.
    Wir danken dir,
    dass du uns in unserer Taufe bei unserem Namen gerufen hast,
    und dein Sohn, Jesus Christus,
    die dunklen Wolken in unserem Leben vertreibt.
    Er macht unser Leben hell.
    Wir bitten dich,
    lass uns das nicht vergessen.
    Amen."
Vaterunser

Segen
• Orgelnachspiel (Auszug der Kinder)

III. Vertiefung der Gottesdienste mit den Kleinsten

Die Begleitung der Eltern an Gesprächsabenden

Vorüberlegungen

Eltern, beziehungsweise andere Bezugspersonen (Großeltern, Tagesmütter, Erzieherinnen und Erzieher), werden dabei begleitet, Kinder von Anfang an als religiöse Subjekte wahr- und ernst zu nehmen.

Kinder befinden sich in den ersten drei Lebensjahren in einer bedeutenden, wenn nicht sogar der wichtigsten Lebensphase, in der zentrale Grundlagen für ihr späteres Leben gelegt werden. Hier schlagen sie Wurzeln. Die Zuwendung, die sie in diesen Lebensjahren erfahren, stärkt sie für ihr ganzes Leben.

Die Zuwendung Gottes zu uns Menschen ist die zentrale Botschaft der Bibel. Es ist die erste und vornehmste Aufgabe der Kirche, diese frohe Botschaft weiterzusagen. Dazu gehört auch, Eltern und andere Bezugspersonen der Kinder bei ihrer wichtigsten Aufgabe zu unterstützen, nämlich sich den Kindern zuzuwenden.

Gott kam zu uns Menschen als ein Kind. Er kam in die Krippe und begab sich auf unsere Ebene. Diese Bewegung zeigt die Richtung an, die auch die Erwachsenen einschlagen, wenn sie sich auf die Ebene der Kinder begeben. Dazu ist es notwendig, ihre Lebenswirklichkeit kennenzulernen. Dieser Aufgabe widmen sich zwei Gesprächsabende.

Am ersten Abend stellen wir uns auf die persönliche und religiöse Entwicklung der Jüngsten ein, die eng miteinander verknüpft sind.

Am zweiten Abend wenden wir uns dem anderen Empfinden von Zeit, Abschied und Tod zu, das Kinder unter drei Jahren haben. Dies gehört zu den wesentlichen Kommunikationsproblemen zwischen Erwachsenen und Kindern. Diese Abende wurden nach viermonatiger gemeinsamer Gottesdienstpraxis angeboten.

Dabei musste bedacht werden, dass junge Eltern sehr enge Zeitfenster haben, in denen sie Veranstaltungen wahrnehmen können, die ohne ihre Kinder stattfinden. Befindet sich ein Elternteil im Schichtdienst, wird das Zeitfenster noch kleiner. Für Alleinerziehende ist es doppelt schwer, sich einen Abend „frei" zu nehmen. Nicht jedes Kind lässt sich abends pünktlich ins Bett bringen oder könnte die Mutter schon entbehren, wenn sie vielleicht noch stillt. Für manche Eltern ist es schwierig, einen Babysitter zu organisieren.

Als Kirchengemeinde sollten wir dieses Angebot vorhalten, auch wenn es vielleicht manchmal nicht genutzt wird. So kommen wir unserer Taufverantwortung nach, die Getauften, seien es getaufte Erwachsene oder Kinder, zu begleiten und die biblische Botschaft von der Zuwendung Gottes im gemeinsamen Gespräch zu vertiefen.

Es ist hilfreich, wenn der Gesprächsabend mit der Eltern-Kind-Gruppe zusammen geplant und dieser für andere Interessierte geöffnet wird.

Es wäre auch möglich, diese Abende für die Eltern als Elternfrühstück am Sonnabendvormittag durchzuführen.

1. Abend: Zur religiösen Begleitung der Kinder in den ersten drei Lebensjahren und zur Bedeutung der religiösen Sozialisation der Eltern

Vorüberlegungen

Der erste Gesprächsabend lenkt die Aufmerksamkeit darauf, dass Persönlichkeitsentwicklung und religiöse Entwicklung eines Menschen zusammengehören. Dazu werden einzelne Entwicklungsschritte der Kinder skizziert und die religiösen Themen angesprochen, die damit verbunden sind. Sie befinden sich im vorsprachlichen Bereich und bilden bereits die Grundlage für die weitere Persönlichkeitsentwicklung.

Es werden die Augen dafür geöffnet, dass Kinder Akteure ihrer Entwicklung sind und sie sich durch eine angemessene religiöse Begleitung als eigenständige Persönlichkeit erfahren, die eigene Ziele hat und sich handelnd für ihre Ziele einsetzen kann. Friedrich Schweitzer stellt in seinem Buch „Das Recht des Kindes auf Religion"[1] heraus, dass auf diese Weise dem Kind eine Selbstwerdung in Freiheit ermöglicht werde. Dieses Buch gehört zu den Grundlagen dieses Projektes. Einiges daraus wird an diesem Gesprächsabend präsentiert.

Schweitzer fordert nicht nur, wie in der Kinderrechtskonvention von 1989 in Artikel 14 verankert, das Recht des Kindes auf Religion als Freiheitsrecht anzusehen, sondern er setzt sich für das Recht des Kindes auf Religion als Bildungsrecht ein, denn nur so werde es als Leistungsgarantie gewährleistet. Das Gemeinwesen – der Staat oder die Kommune –

---

[1] Friedrich Schweitzer, Das Recht des Kindes auf Religion. Ermutigungen für Eltern und Erzieher, Gütersloh 2000, S. 38f.

müssten dann die Familien bei der Umsetzung dieses Rechtes unterstützen, indem Religionsunterricht und religiöse Begleitung im Kindergarten angeboten werden. Da nun immer mehr Kinderkrippen eingerichtet werden, ist die Frage nach der religiösen Begleitung der Kleinsten aktueller denn je.

In Kleingruppen wird die Möglichkeit bestehen, sich anhand von vorgegebenen Fragen über die Religiosität in der eigenen Biografie auszutauschen. So werden die eigene religiöse Prägung und die positiven und negativen Erfahrungen im Umgang damit thematisiert. Im anschließenden Plenumsgespräch werden die Geburtsjahrgänge der eigenen Eltern betrachtet, überlegt, wie diese mit dem Thema „Tod" umgegangen sind und gefragt, wie das auf uns „abgefärbt" hat. Dabei wird deutlich, wie sehr sie durch eigene Zeitumstände, ihre Familien und Gesellschaftsstrukturen geprägt sind.

Jede und jeder kann für sich selbst erschließen, in welcher Form wir uns die Begleitung der religiösen Entwicklung unserer Kinder wünschen.

Wir tauschen uns darüber aus, was die Kinder vom Krabbelgottesdienst erzählen, welche Gebete zuhause gesprochen werden und welche Gebete aus unserer Kindheit wir heute nicht mehr an unsere Kinder weitergeben möchten. Im Anschluss kann ein Büchertisch besucht werden, auf dem Kinderbibeln für die ganz Kleinen und Gebete zum Mitnehmen bereitliegen.

An diesem Abend wird nicht nur über die religiöse Dimension des Lebens gesprochen, sondern wir erleben sie in Lied und Gebet. Wir singen zur Gitarre das Lied „Du bist da, wo Menschen leben" von Detlev Jöcker, beten gemeinsam Martin Luthers Abendsegen und das Vaterunser und gehen unter Gottes Segen nach Hause.

Ablauf des ersten Abends: 20.00 - 21.30 Uhr
1.) 20.00 - 20.15 Uhr: Ankommen und Begrüßung, Vorstellung des Ablaufs und Teetrinken.
2.) 20.15 - 20.30 Uhr: Informationsimpuls zu einzelnen Entwicklungsschritten der unter Dreijährigen.
3.) 20.30 - 20.40 Uhr: Informationsimpuls zu religiösen Themen in den ersten drei Lebensjahren.
4.) 20.40 - 21.00 Uhr: Austausch in Kleingruppen von jeweils zwei bis drei Personen über die eigene religiöse Entwicklung und die der Kinder. (Wer hat mich begleitet? Welche guten und welche schlechten Erinnerungen habe ich? Was möchte ich meinem Kind weiter-

geben? – Diese Fragen sind auf Zettel vorbereitet und es werden Stifte verteilt.)

5.) 21.00-21.15 Uhr: Der Austausch im Plenum wird eröffnet mit der Frage nach dem Geburtsjahrgang unserer Eltern. Die damalige Zeit und die Prägung der Eltern wird kurz beleuchtet. Danach wird aus den Kleingruppen berichtet.

6.) 21.15-21.25 Uhr: Gesprächsimpuls: Was erzählen die Kinder zuhause vom Krabbelgottesdienst? Welche Gebete werden mit ihnen gesprochen?

7.) 21.25-21.30 Uhr: Gemeinsamer Abschluss: Lied „Du bist da, wo Menschen leben", Luthers Abendsegen, Vaterunser, Segen

8.) Büchertisch

Informationsimpuls zu einzelnen Entwicklungsschritten der unter Dreijährigen

An diesem Abend werden vor allem Abschnitte aus den Elternbriefen von Frieder Harz vorgetragen, die an den Entwicklungsschritten der Kinder in den ersten drei Lebensjahren entlanggehen.[2]

Die religiöse Begleitung eines Kindes beginnt schon damit, wie wir selbst die Schwangerschaft und Geburt erleben. Im Staunen! Im Staunen über das Wunder von Gottes Schöpfung. Psalm 139,13 fasst es in Worte: *„Du hast mich gebildet im Mutterleib!"*

Vom ersten Moment an ist das Kind eine eigene Persönlichkeit. Welch ein Geschenk! Dankbarkeit und Freude können die Anstrengungen der Schwangerschaft und Geburt vergessen lassen.

Ein Kind als Geschenk anzunehmen und es als eigene unverwechselbare Persönlichkeit zu sehen, hat Auswirkungen auf den Umgang mit ihm. Das heißt, es in seiner Eigenständigkeit zu achten. „Das kleine Kind in seiner Einmaligkeit zu sehen, entlastet auch von zu großem Druck, der auf der erzieherischen Verantwortung liegt. Ihr Kind wird seinen Weg gehen. Ob dieser Weg gelingt, hängt nicht von dem ab, was Sie aus ihrem Kind ‚machen', sondern von seinen eigenen Schritten. Seine Fähigkeiten und Begabungen sollen zum Vorschein kommen und nicht, was die eigenen Wünsche in Ihrem Kind sehen möchten", sagt Frieder Harz.[3]

---

[2] Frieder Harz, Vertrauen von Anfang an. Elternbriefe zur religiösen Erziehung. www.vertrauen-von-anfang-an.de
[3] Frieder Harz, a.a.O., Erster Elternbrief, S. 2.

Das erste Lebensjahr ist für die religiöse Erziehung besonders wichtig. Hier werden durch Zuwendung und Geborgenheit der Eltern oder Bezugspersonen wichtige Grundlagen gelegt. Später kann der Segen Gottes mit Erfahrungen der frühen Kindheit verbunden werden. Im Segen heißt es: *„Der HERR segne dich und behüte dich. Der HERR lasse sein Angesicht leuchten über dir und sei dir gnädig. Der HERR erhebe sein Angesicht über dich und gebe dir Frieden."* (4. Mose 6,24-26) Diese Erfahrung macht das Baby bereits, wenn die Mutter oder der Vater, die Tagesmutter oder die Erzieherin oder der Erzieher es mit einem Blick der Freude ansehen, sei es beim Wickeln, beim Füttern oder wenn das Kind im Bett liegt. Es ist dieser Blick der Zuwendung, den es von Gott im Segen erfährt.

Wenn das Kind nun in seinem ersten Lebensjahr schon sagen könnte, was es empfindet, dann könnte es sich so anhören, wie Harz es ausdrückt[4]: „Es ist schon eine gute Weile her, das ich in dieser merkwürdigen Welt lebe. Immer wieder ist es hell geworden und wieder dunkel. Immer wieder bist du gekommen und hast mich auf deinen Arm genommen. Das war sehr schön. Deine weichen Hände haben mir gut getan, deine Stimme, dein freundliches Gesicht. Aber dann höre ich auch andere Geräusche und manchmal fürchte ich mich vor ihnen. Was ich mir wünsche? Ich wünsche mir, dass du da bist. Ich wünsche mir, dass du mich nie verlässt, wenn ich allein bin, oder wenn ich merke, dass etwas nicht stimmt, oder wenn du unruhig bist. Wenn ich mich darauf verlassen kann, dass du mich immer lieb hast, auch wenn ich mal alles immer wieder durcheinanderbringe mit meinem Geschrei, dann freue ich mich auf dieses Leben."

Das Kind wird ein Jahr alt. Zum ersten Mal wird Geburtstag gefeiert und ein Geburtstagsritual entwickelt. Der Tag wird bereits durch regelmäßige Zeiten gegliedert: Mahlzeiten und Schlafen bestimmen den Rhythmus. „Rituale bringen Ordnung in unser Leben", so Harz.[5] Feste Bräuche ordnen die Erfahrungen der Kinder mit ihrer Umwelt. Das Feiern der kirchlichen Feste gliedert das Kirchenjahr. Das Jahr bekommt neben den vier Jahreszeiten einen Rhythmus. Gefeierte Rituale bereiten die Begegnung mit Gott vor.

Sie zeigen auch Grenzen auf, wann Schluss ist. Ganz deutlich beim Gute-Nacht-Sagen: Der Tag ist vorbei! Nun ist Ruhe angesagt! Die Nacht

---

[4] A.a.O., Dritter Elternbrief, S. 3.
[5] A.a.O., Vierter Elternbrief, S. 1.

ist mit ihrer Dunkelheit und dem Alleinsein bedrohlich für das Kind. Durch das Abendgebet kann ein Abschiedsritual vom Tag gestaltet werden. „Es geht noch gar nicht darum, dass Ihr Kind diese Worte inhaltlich versteht. Sondern es geht um den vertrauten Sprachklang der gereimten Sätze, um die bekannte Stimme. Sie lässt noch einmal die Geborgenheit spürbar werden, die all das Bedrohliche umfängt und das Beängstigende zudeckt." Darauf macht Harz aufmerksam.[6]

Ein Ritual aus Schmusen, Gute-Nacht-Kuss, Gute-Nacht-Lied, Spieluhr und Kuscheltier erleichtert dem Kind, sich vom Tag zu verabschieden und den Übergang zum Schlafen zu finden.

Frieder Harz[7] sagt: „Es ist nicht verwunderlich, dass die Gute-Nacht-Situation für die religiöse Erziehung eine zentrale Bedeutung hat. Zum einen, weil es in dieser Übergangssituation um Schutz und Erhalt des Lebens geht. Darin begegnet die religiöse Dimension in ihrem Umkreis all dessen, was das Leben hält und trägt. Zum anderen bietet diese Situation im Laufe der kommenden Monate und Jahre gute Gelegenheiten für ein erstes Kennenlernen Gottes: Das Wort „Gott" wird sich nach und nach mit Bedeutung füllen: Ein Wesen, so nah und hilfreich wie die geliebte Bezugsperson. Und von ihm geht eine schützende Kraft und Macht aus, der sich auch die Erwachsenen anvertrauen. Das soll das Kind spüren, dass sich die Eltern und Großeltern selbst bei diesem ‚Anderen' geborgen fühlen."

Im zweiten Lebensjahr wird der Radius des Kindes größer. Es kann jetzt laufen. Vieles hat sich in der Wohnung verändert. Nun kommt es auch an die Türklinke. Alles muss untersucht werden. Harz fasst diesen Entwicklungsschritt zusammen[8]: „Der Schlüssel zu sich selbst und zur Welt ist für Ihr Kind das eigene Tun." Es erkennt immer mehr: „Ich bin ich!" „Ich mache etwas mit erkennbarer Wirkung, darum bin ich!", zum Beispiel, wenn es in der Küche mit den Kochtöpfen laut trommelt. „Als eigenständiges Wesen bist du von Gott gewollt." Hierin sieht Harz die religiöse Dimension dieser Handlung.

Das Kind wird zwei Jahre alt: Der Geburtstag wiederholt sich zum ersten Mal. Ein Geburtstagsritual hat sich entwickelt. Das Kind nimmt nun die Jahreszeiten wahr. Es verwendet nicht mehr seinen Namen, wenn es von sich selbst spricht, sondern beginnt „Ich" zu sagen.

[6] A.a.O., Fünfter Elternbrief, S. 1.
[7] A.a.O., Fünfter Elternbrief, S. 2.
[8] A.a.O., Achter Elternbrief, S. 1.

Mit zweieinhalb Jahren kommt ein wichtiger Entwicklungsschritt. Die „psychologische Geburt".[9] Das Kind löst sich mehr und mehr von der Mutter. Der Vater wird immer wichtiger.

Manche Kinder beginnen, andere Kinder zu schubsen. Sie spüren: „Ich bin stark!" Ihre Tat schafft eine enorme Aufmerksamkeit. Das andere Kind weint, der Erwachsene schimpft. Einige Kinder beißen andere, sobald ihnen etwas nicht passt. Die körperliche Auseinandersetzung kommt nun zur Selbsterfahrung hinzu. Sie probieren ihre Kräfte aus und erfahren im Miteinander ihre Grenzen.

Informationsimpuls zu religiösen Themen in den ersten drei Lebensjahren

Für die religiöse Begleitung der Kinder ist von großer Bedeutung, was Friedrich Schweitzer in seinem Buch „Das Recht des Kindes auf Religion" ausführt. Dieses Buch liest sich wie eine Grundsatzerklärung dafür, dass die religiöse Entwicklung für jeden Menschen von Anfang an zur Persönlichkeitsentwicklung hinzugehört. Dabei lässt Schweitzer offen, um welche Religion es sich handelt. Es kann die christliche, jüdische oder moslemische Religion sein.

Er spricht von fünf „Fenstern", an denen jeder Mensch in seiner Kindheit vorüberkommt, und die in jeder Religion zu finden seien. Mit diesen „Fenstern" stellt er Begegnungen und Erfahrungen der Kinder vor, an denen die Welt fragwürdig wird und die Welt über sich hinausweist.

Jeder Mensch macht frühkindliche religiöse Erfahrungen. Schweitzer nennt die Erfahrung der Einheit mit der Mutter, die Verschmelzung mit ihr. In der ersten Zeit kann der Säugling nicht zwischen sich und seiner Mutter unterscheiden. Die Wahrnehmung der Eltern als eines übergroßen und übermächtigen, sogar allmächtigen Gegenübers ist eine frühkindliche religiöse Erfahrung. Ebenso elementare Gefühle der Geborgenheit, grundlegende Ängste vor dem Alleingelassenwerden. Die Sehnsucht nach einem größeren – bergenden und behütenden – Gegenüber bezeichnet er als das bleibende Erbe frühkindlicher religiöser Erfahrung. Ohne religiöse Begleitung bleiben solche Erfahrungen unbewusst und dem Gespräch entzogen. Wenn Kinder biblische Geschichten aufnehmen, gewinnen sie eine Sprache für Erfahrungen, die sonst sprachlos

---

[9] Vgl. hierzu Louise J. Kaplan, Die zweite Geburt· Die ersten Lebensjahre des Kindes. Mit einem Nachwort von Margaret S. Mahler, 11. Aufl., München 2001.

bleiben. Ein solcher Sprachgewinn sei für die gesamte Persönlichkeitsentwicklung bedeutsam. (Seite 35)

Für die unter Dreijährigen sind die ersten drei der fünf Fenster von Bedeutung. Schweitzer beschreibt solche Fenster in der Welt des Kindes wie ein Loch in der Tapete, hinter dem ein Geheimnis versteckt ist und das von dem Kind entdeckt wird.

Wir sehen uns die ersten drei Fenster im Einzelnen an:

Das erste Fenster befindet sich am Anfang des Lebens. Hier geht es um Vertrauen und Hoffnung. Das Kind lebt von der Liebe der Eltern oder Bezugspersonen. Bekommt es keine Zuwendung, wird es krank. Dabei geht es zunächst um die Eltern, später um die pädagogischen Fachkräfte, die sich dem Kind liebevoll zuwenden sollten.

Beim Vertrauen des Kindes geht es um mehr, als Eltern versprechen können. Es geht um unbedingtes Vertrauen in eine Vertrauenswürdigkeit der Welt. Dazu sagt Schweitzer: „Diese Vertrauenswürdigkeit der Welt kann kein Mensch garantieren. Sie verweist auf die Frage nach Gott, auch wenn das Kind diese Frage noch nicht aussprechen kann. Gibt es in dieser Welt eine Liebe, auf die ich mich letztlich verlassen kann oder gibt es sie nicht?" Diese Frage ist bereits in den kleinen Kindern angelegt und kann dann später von Kindern und Jugendlichen ausdrücklich gestellt werden.

Das erste Fenster, an dem Kinder vorüberkommen, sieht Schweitzer in Vertrauen und Hoffnung, in der Vertrauenswürdigkeit der Menschen und letztlich der Welt vom Anfang des Lebens her.

Zu diesem ersten Fenster gehört die Frage nach mir selbst (S. 29): „Wer bin ich und wer darf ich sein?" Hier geht es um die Selbstwerdung des Kindes. Ihr wird heute ein hoher Stellenwert eingeräumt. „In heutiger Sicht ist dabei beides wichtig: die eigene Aktivität des Kindes und die unterstützende Anerkennung des Kindes durch andere." Auf die Frage: „Wer bin ich?", folgt die Antwort: „Du bist von mir geliebt!" Die Frage: „Wer darf ich sein?", kommt in Trotzanfällen zum Ausdruck. Hier weisen die Eltern oder Erzieherinnen und Erzieher dann Grenzen auf. Die Bildung des Selbst zwischen Wollen und Dürfen gehört zum Aufwachsen des Kindes dazu.

Was hat das mit Religion zu tun? Ist die Anerkennung des kindlichen Ich oder Selbst eine rein zwischenmenschliche Angelegenheit? Die Bildung von Persönlichkeit schließt eine Tiefendimension ein, die weit über alle zwischenmenschlichen Erfahrungen hinausgeht. Ein angemessener

Gottesbezug stellt eine wesentliche Voraussetzung für eine Selbstwerdung in Freiheit dar. (S. 31)

Das zweite Fenster beinhaltet Fragen, die sich mit dem Ende des Lebens befassen: „Wann musst du sterben? Muss ich auch sterben?" (S. 16) Schweitzer weist darauf hin (S. 17), dass die Frage nach dem Tod früh aufbricht, wenn das Kind ein totes Tier sieht oder ein Angehöriger stirbt. Die Frage nach dem Ende des Lebens lässt sich Kindern nicht verschweigen.

„Für das Kind hat der Tod vor allem mit Beziehungen zu tun." (S. 17) Es hat Angst davor, allein zu sein. Schweitzer stellt fest: „Es ist falsch, wenn wir denken, Kinder könnten mit Tod und Sterben nicht umgehen. Offenbar tun sie es auf ihre eigene Weise, die den Erwachsenen nicht immer einsichtig ist." Zu diesem zweiten Fenster gehört die Frage nach dem Sinn des Ganzen.

Das dritte Fenster ist nach Schweitzer „die ausdrückliche Frage nach Gott". (S. 18) Sie bricht im Leben der Kinder im Zusammenhang des Todes auf. „Das Wort ‚Gott' und die Vorstellungen von Gott sind für Kinder offenbar geheimnisvoll – Anlass für viele Fragen, die nicht leicht zu beantworten sind." (S. 19)

Dem Kind begegnet das Wort „Gott" von den Erwachsenen her. Insofern gehört diese ausdrückliche Frage nach Gott nicht notwendig zum Aufwachsen des Kindes dazu (S. 34). Kinder machen aber schon in der frühesten Zeit ihres Lebens Erfahrungen, die eine religiöse Dimension einschließen und die als Anfänge des Gottesbildes angesehen werden können. Schweitzer verweist hier auf die amerikanische Psychoanalytikerin Anna-Maria Rizzuto. (S. 34) „Kinder erfahren ihre Eltern als allmächtige Quellen von Zuwendung und Versorgung. Bei ihnen finden sie Wärme, Schutz und Geborgenheit. Solche Erfahrungen sind – und dies gibt ihnen ihre religiöse Dimension – mehr als das, was einfach von außen zu sehen ist: Es sind Erfahrungen der Unbedingtheit, die über sich selbst hinausweisen."

Schweitzer macht darauf aufmerksam, dass diese Erfahrungen Spuren hinterlassen: Sehnsüchte und Ängste, Hoffnungen und Enttäuschungen! Diese frühen Erfahrungen sind Gefühle, die die ganze Existenz des Kindes berühren. Diese vorsprachlichen Erfahrungen sind für die religiöse Entwicklung eines Kindes von besonderer Bedeutung.

2. Abend: Unter Dreijährige beim Umgang mit Tod und Trauer begleiten

Vorüberlegungen

Der Abend ermöglicht eine Beschäftigung mit der Beobachtung, dass das Todesverständnis der kleinen Kinder anders ist als das der Erwachsenen. Gelingt es, Erwachsene dafür zu sensibilisieren, wird ihnen der Umgang mit den Kindern bezüglich dieses Themas erleichtert. Durch das unterschiedliche Todesverständnis von Kindern und Erwachsenen tauchen unweigerlich Kommunikationsprobleme auf. Diese Herausforderungen können an einem solchen Abend benannt werden. Die Erwachsenen sollen sensibilisiert werden für die Vorstellungen der Kinder und sich darüber klar werden, dass Kommunikationsprobleme auch dadurch entstehen können, dass wir uns gerade in einer Trauerphase befinden, weil beispielsweise ein Elternteil von uns verstorben ist. Dann sind wir in unseren Emotionen gefangen und können uns schwer auf andere einstellen.

Besonders wichtig an diesem Abend ist es, die Erwachsenen darauf aufmerksam zu machen, Kinder in ihrer Trauer nicht allein zu lassen, sondern sich ihnen zuzuwenden und die Situation deuten zu helfen.

Gerade bei dem Thema „Tod" tauchen bei Erwachsenen aus unterschiedlichsten Gründen Unsicherheiten auf. Das liegt vor allem daran, dass wir in unserem Leben gerne alles „im Griff" haben möchten. Doch angesichts des Todes geht das nicht. „Im Griff" können wir dieses Thema nur insofern haben, dass wir die Trauer zulassen, die unsere Gefühle begleiten und uns darauf einlassen, dass der lebendige Gott Sieger über den Tod bleibt. Wir können uns in seine Hände fallen und von ihm ergreifen lassen.

Zu einem Gesprächsabend der Kirchengemeinde über Tod und Trauer kommen die Teilnehmenden mit bestimmten Erwartungen. Da einige mehr als ein Kind haben, ist durchaus auch von Interesse, wie dieses Thema von Kindern anderer Altersstufen verarbeitet wird. So können Informationen sich auch auf ältere Kinder beziehen, aber im Vordergrund stehen die Kleinsten.

Jede und jeder bringt eigene Erfahrungen und Fragen mit, auch die der eigenen Trauer. Der Abend hat auf jeden Fall eine seelsorgerliche Dimension. Alle Informationsbausteine des Abends dienen letztlich der Seelsorge. Deswegen ist es gut, wenn der Abend von der Ortspastorin oder dem Ortspastor durchgeführt wird. Im Anschluss ergeben sich dann weitere Gesprächsmöglichkeiten.

Der Abend (20.00 Uhr bis 21.15 Uhr) gliedert sich in fünf Teile:

1.) Den Ablauf des Abends vorstellen und den Einstieg in das Thema durch eine Bibelgeschichte (10 Minuten) ermöglichen.

2.) Die unter Dreijährigen und die Drei- bis Zehnjährigen (15 Minuten).

3.) Die Erwachsenen: Arbeitsblatt ausfüllen (15 Minuten) und Plenums-gespräch darüber (15 Minuten)

4.) Ein Praxisbeispiel (10 Minuten)

5.) Gemeinsamer Abschluss (10 Minuten)

1.) Einstieg durch eine Bibelgeschichte (1. Mose 12-23):
Ich möchte von einem Mann und seiner Frau erzählen. Sie haben in ihrem langen Leben viel erlebt.

Sie mussten ihre Heimat verlassen und weit weg ziehen von zuhause. Das war ein schwerer Abschied. Sie sahen aber vertrauensvoll nach vorne und machte sich mit ihren Tieren auf den Weg.

Unterwegs mussten sie sich von ihrem Neffen Lot trennen. Sie konn-ten nicht zusammenbleiben, obwohl sie sich gut verstanden hatten. Es waren einfach zu viele Menschen und Tiere auf einmal unterwegs. Im neuen Land angekommen, richteten sie sich ein und lebten dort. Eines Tages aber gab es nicht mehr genug zu Essen. Sie machten sich auf den Weg in das Nachbarland. Wieder ein Abschied.

Hier war ihnen alles fremd, aber sie konnten leben.

Als die Situation sich verbesserte, gingen sie zurück. Doch unterwegs starb die Frau. Das war sehr traurig. Ihr Mann nahm von ihr Abschied, beerdigte sie und zog weiter in das Land, das von Anfang an sein Ziel war. Nach einem langen Leben starb auch er.

Diese Geschichte erzählt von Abraham und Sara. Er ist der Vater und Sara die Mutter des Glaubens. Sie lassen sich immer wieder auf Gottes Zusage ein und machen sich auf den Weg in ein unbekanntes Land. Sogar im hohen Alter bekommen sie noch ein Kind. Sie nennen ihren Sohn „Isaak". Das heißt übersetzt „Lachen". Sie freuten sich so sehr, dass sie in ihrem Alter noch ein Kind bekamen.

Diese Geschichte von Abraham und Sara steht beispielhaft für ein Leben im Vertrauen auf Gott. Abschied, Veränderung und Neuanfang kommen unerwartet, aber werden im Vertrauen auf Gott angenommen.

2.) Tod und Trauer bei den unter Dreijährigen

Zu dem Thema „Tod und Trauer" gehört das Thema „Abschied". Wir überlegen gemeinsam, wann die Kinder in den ersten drei Lebensjahren Abschiede erleben.[10]

Zunächst die Geburt und die ersten Lebenswochen:

Der erste große Abschied ist die Ent-Bindung. Aus einer vertrauten Umgebung, der Geborgenheit im Mutterleib, kommt das Kind in eine unübersichtliche und ihm noch nicht vertraute Welt.

Neue Ver-Bindungen müssen wachsen, damit es sich im neuen Leben geborgen fühlen kann.

„Je positiver die frühkindlichen Bindungserfahrungen (Urvertrauen) hierbei sind oder waren, umso erfolgreicher können Menschen ihre Krisen überwinden."[11]

Dasselbe gilt auch für unser Leben aus dem Glauben: Wenn ich in guten Zeiten im Glauben gestärkt und zuversichtlich durch das Leben gehe, kann der Glaube mich auch in Krisen eher hindurch tragen.

Beispiele für Abschiede im ersten Lebensjahr:

Wenn die Mutter zum Einkaufen geht und das Kind bei seiner Groß-mutter bleibt: Dann geschieht ein Abschied. Die Mutter ist weg. Das Kind hat noch nicht genügend Erfahrung damit, dass die Mutter auch wiederkommt.

Wenn der Vater drei Wochen auf Geschäftsreise fährt: Das Kind hat keinen Überblick über die Zeit. Es lebt im Hier und Jetzt. Was sind drei Wochen? Es weiß nicht, was es heißt, „noch eine Stunde/Tag/Woche". Die Geschichte von Jonas, die Margit Franz erzählt (S. 62), veranschau-licht dies. Jonas ist elf Monate alt. Sein Vater ist für drei Wochen auf Geschäftsreise. „Nach wenigen Tagen verändert sich Jonas Verhalten. Sobald die Mutter nur den Versuch unternimmt, sich ein paar Meter von ihm zu entfernen, weint Jonas, krabbelt hinterher und klammert sich voller Verzweiflung an ihren Füßen fest."

Kinder spüren Veränderungen – auch die Trauer ihrer Mitmenschen. Margit Franz führt das Beispiel von Tim an (S. 63). Er ist elf Monate alt. Seine Mutter ist sehr traurig, weil ihre Freundin gestorben ist. Sie ist ihm gegenüber nicht mehr so aufmerksam. Sie ist unkonzentriert, mit

---

[10] Vgl. zum Folgenden: Margit Franz, Tabuthema Trauerarbeit. Kinder begleiten beim Abschied, Verlust und Tod, 3. Aufl., München 2008.
[11] Franz, a.a.O., S. 62.

den Gedanken woanders, erschöpft und kraftlos. Tim spürt das beim Wickeln, Füttern, Waschen und Spielen. Seine Mutter verhält sich anders als bisher. Vielleicht hat sich auch der Tagesrhythmus verändert oder dem Kind weniger vertraute Menschen übernehmen seine Betreuung. Tim fühlt sich ungeliebt, wird quengelig und möchte die Aufmerksamkeit seiner Mutter auf sich lenken.

Ein weiteres Beispiel für das Erleben eines Abschiedes ist der Schlaf. Geht das Kind schlafen, muss es Abschied nehmen vom Spielen, von den Menschen, mit denen es den Tag verbrachte. Etwas Neues, Dunkles, beginnt. Es weiß nicht, ob alles wieder so sein wird, wenn es aufwacht, wie es vorher war. Manche Kinder schaffen diesen Übergang in den Schlaf einfach, manche haben große Probleme damit. Kinder erleben den Schlaf als Abwesenheit des ihnen vertrauten Lebens.

Das Kleinkind bis zum 18. Monat:

Über das Kleinkind ab dem achten Monat sagt Franz,[12] dass die geistige Entwicklung soweit ausgereift sei, dass das Kind nun eine innere Vorstellung von leblosen Gegenständen und lebendigen Menschen habe. Es entwickle nun die Fähigkeit, zwischen dem Belebten und Unbelebten zu unterscheiden. Der Kuschelhase bleibt stumm, die Mutter antwortet.

Um den achten Monat herum beginnt das sogenannte „Fremdeln". Bei dem einen Kind mehr, beim anderen weniger. Lebte das Kind vorher in einer innigen Gemeinschaft mit der Mutter, zunächst neun Monate im Bauch und nun fast solange schon außerhalb, lernt es jetzt langsam, sich selbst von seiner Mutter zu unterscheiden.

Das Fremdeln kann auch als Dezentrieren beschrieben werden. Wenn es mit seiner Mutter zusammen ist, ist das Kind ganz bei sich. Ist es mit Fremden zusammen, geht es kurz aus sich heraus, verlässt sein Zentrum und lässt sich auf sein Gegenüber ein, dann ist es unsicher, ob es wieder in sein Zentrum zurückkehrt. Bei der Mutter ist es sicher, bei anderen nicht. Und so kann sich diese Unsicherheit in Quengeln und Weinen ausdrücken.

Eine stabile und sichere Bindung zur Mutter oder einer festen Bezugsperson, die ganz für das Kind da ist, ermöglicht dem Kind ein vertrauensvolles Weltbild. Es wächst in eine Welt hinein, auf die es sich verlassen kann. Es kann Urvertrauen entwickeln.

---

[12] Vgl. Franz, a.a.O., S. 64ff.

Erinnern wir uns an Abraham und Sara: Sie vertrauten der Zusage Gottes und machten sich voll Urvertrauen auf den Weg. So auch das Kind: Es begibt sich jeden Tag neu auf den Weg, denn in der Welt gibt es immer wieder Neues zu entdecken, je größer das Wahrnehmungs- vermögen des Kindes wird.

„Die frühkindlichen Beziehungs- und Bindungserfahrungen beeinflus- sen ... nachhaltig das Erleben sowie die Bewältigung von Trennung und Verlust." (Franz, S. 65)

Hierzu sagt Franz: „Sicher gebundene Kinder, die sich in ihrer Welt geborgen und im Leben zu Hause fühlen, werden durch die Tatsache des Todes nicht eingeschüchtert oder massiv erschüttert. Sie können verinnerlichen, dass die Liebe stärker ist als alle Dunkelheit des Lebens. In Krisensituationen vertrauen derart kompetente Kinder ihren eigenen Fähigkeiten und Selbstheilungskräften. Sie bewältigen ihre Probleme aktiv, ohne ihre optimistische Grundhaltung zu verlieren. Sie gehen aus den Krisen gestärkt und nicht geschwächt hervor."[13]

Margit Franz erzählt von dem Kinderspiel-Klassiker „Guck-guck" (S. 66): „Die Mutter versteckt sich und die kleine Sonja (zehn Monate) beginnt sogleich, nach ihr Ausschau zu halten. Die Mutter ruft mehrmals fragend „guck-guck?" Sonja juchzt und gluckst vor Freude. Plötzlich kommt die Mutter mit lautem „guck-guck!" hinter dem Sofa hervor und Sonja bricht in ein schallendes Lachen aus."

Oder das Spiel in anderer Variante: Die Mutter hält sich die Hände vor das Gesicht. Und ist weg. Dann nimmt sie die Hände weg und bin mit einem lauten „Da!" ist sie wieder da. Das Kind freut sich.

In diesem Spiel geht es um Loslassen und Abschiednehmen. Es wird eingeübt, dass die Mutter gleich wieder kommt. Dieser Abschied führt für das Kind kurzzeitig zum spielerischen Selbstverlust, weil seine Mutter weg ist. Das Kind erlebt das fröhliche Wiedersehen und Wiederfinden. Es erfährt spielerisch, dass Menschen oder Gegenstände auch dann noch da sind, wenn es sie zeitweilig nicht sehen kann. Dies spielen Kinder gern bis zum 18. Monat.

Das Kleinkind bis zum zweiten Lebensjahr:

Das Kind interessiert sich nun vor allem für Gegenstände, die Geräu- sche machen und sich bewegen, z.B. Nachziehtiere, Autos. Es beobach- tet gerne Krabbeltiere, versucht nach ihnen zu greifen, verletzt oder

---

[13] Vgl. Franz, a.a.O., S. 66.

tötet sie sogar und ist erstaunt, dass sie sich nicht mehr fortbewegen. Das sind erste Erfahrungen mit dem Tod: Das Tier bewegt sich nicht mehr.

Margit Franz macht darauf aufmerksam (S. 67), dass Kinder ab dem 18. Lebensmonat bereits einfache Worte verstehen und verwenden, um ihre Gefühle auszudrücken. Ein Eineinhalbjähriger, dessen Mutter ins Krankenhaus musste, äußert beispielsweise immerfort: „Mama weg! Mama Weg! Mama weg?"

Das Kleinkind ab dem zweiten Lebensjahr:

„Ab dem zweiten Lebensjahr beziehen Kinder nahezu alles auf sich. Sie verhalten sich derart ichbezogen, als ob ihnen die Welt alleine gehört, wobei sie sich selbst als deren Mittelpunkt erleben.", so Franz (S. 67f.). Sie fühlen sich als Nabel der Welt. Diese Ichbezogenheit zieht sich etwa bis in das erste Schuljahr. Das ist wichtig für die Entwicklung des Kindes: Es erlebt dadurch die Welt als eine Einheit. Und das Kind ist von sich derart überzeugt, dass es sich mit neuen Anforderungen auseinandersetzen kann: „Ich kann alles! Ich will alles! Ich bin alles!" (Franz, S. 68) Es ist ein langer Prozess, sich von diesen Allmachtsfantasien zu lösen. Erst danach „wird es seine Grenzen, die Begrenztheit des Lebens und damit den Begriff der Endlichkeit verstehen lernen."

Wie sich die Wahrnehmungsfähigkeit des Todes im Laufe der ersten Jahre verändert, wird im Folgenden aufgezeigt :[14]

Kinder unter drei Jahren:

Für sie gibt es keinen Unterschied zwischen belebter und unbelebter Natur. Nur das, was ein Kind in diesem Alter mit-erleben kann, ist wirklich. Daher erleben die Kinder den Tod auf keinen Fall als endgültig, eher als Abwesenheit, als Trennung von etwas Liebgewordenem. Bereits länger anhaltende Trennungen von der Mutter werden als Bedrohung erfahren. Fehlendes Zeitverständnis und hohe emotionale Abhängigkeit lösen daher Verlustängste aus. Durch die Nähe spürt das kleine Kind auch die Trauer der Mutter deutlich näher. Der Tod wird noch nicht begriffen, weil Endgültigkeit noch nicht verstanden wird.

---

[14] Dem Arbeitsblatt von Dirk Schliephake, Arbeitsbereich Kindergottesdienst im Evagelischen Zentrum für Gottesdienst und Kirchenmusik im Michaeliskloster Hildesheim, ist die Beschreibung der unterschiedlichen Todesvorstellungen in den einzelnen Altersstufen entnommen.

Kinder von drei bis fünf Jahren:
Auch diese Kinder können den Tod gedanklich noch nicht fassen, nehmen ihn aber stark emotional wahr. Das heißt, dass sie sehr genau mitbekommen, was in ihrer Umgebung vor sich geht. Tot-Sein ist Weg-Sein, darum kann man auch wiederkommen.

Der Tod betrifft nicht die Eltern, die Angst vor dem bedrohlichen Verlust führt geradezu zu einer Verweigerung, solches zu denken. Meine Eltern werden nicht sterben!

Ansonsten ist der Umgang mit dem Tod ungezwungen, eine für Erwachsene geradezu erschreckende Neugier geht damit einher: Tote Vögel werden ausgegraben ... Damit einhergeht aber auch: Mich betrifft das nicht, mögen auch Tiere, Nachbarn oder Oma sterben."

In dieser Zeit taucht also unweigerlich die Frage auf: Wirst du auch sterben? Es fällt uns vielleicht schwer, diese Frage zu beantworten. Wir sollten dem Kind aber eine realistische Antwort geben, damit es eine realistische Einstellung zum Leben entwickeln kann und nicht in einer Scheinwelt lebt.

Kinder von sechs bis neun Jahren:
Es entsteht ein Bewusstsein von der Endlichkeit des Menschen, auch der eigenen. Der Tod betrifft alle Menschen. Das Kind ist auf Anschaulichkeit angewiesen, um zu begreifen: Der Tod ist für immer. Aber nun kommt die Frage: Wo ist Opa?

Kinder von neun bis zehn Jahren:
Das Todesverständnis unterscheidet sich kaum noch von dem der Erwachsenen.

Die erste Begegnung der Kinder mit dem Tod beschreibt Gertrud Ennulat in ihrem „Leitfaden für Erzieherinnen"[15]: Das Leben besteht aus Gegensätzen: Hell-Dunkel, Tag-Nacht, Krankheit-Gesundheit, Kälte-Wärme, Freud-Leid, Liebe-Hass, Lärm-Stille, Himmel und Erde, Gut und Böse. Gegensätze im Leben zu erfahren, ist im Leben der Kinder ein wichtiger Lernprozess zur Entwicklung einer Gesamtpersönlichkeit. Es sind nicht die Kinder, die vor der toten Maus davonlaufen. Es gibt dabei viel zu entdecken: tot sein heißt bewegungslos sein. Ab fünf Jahren imitieren das die Kinder im Cowboy-Spiel.

---

[15] Gertrud Ennulat, Ein Leitfaden für Erzieherinnen, Freiburg i. Br. 1998.

„Der Tod lässt sich nicht aus dem Leben eines Kindes heraushalten." (S. 17) Er kommt vor im Wechsel der Jahreszeiten. Im Werden und Vergehen. Das Haustier stirbt, der Nachbar, der Großvater oder die Großmutter.

Bei der Trauerbegleitung eines Kindes sollten unbedingt die Gefühle des Kindes angesprochen werden: „Du bist jetzt wütend, weil Opa tot ist." Das Kind weiß selbst nicht, was mit ihm los ist. Es ist auf die Hilfe des Erwachsenen angewiesen, der ihm die Situation deutet. Es braucht Menschen, die sich seinem Entwicklungstempo anpassen.

Wichtig ist, dass das Kind bei seiner Trauer, ganz gleich worüber, nicht allein gelassen wird. In ihm entstehen sonst „Inseln der Isolation und der Kälte" (S. 25) und hinterlassen tiefe Spuren, die es manchmal im Erwachsenenalter einholen können. „Solche eingekapselten Trauererlebnisse sind seelische Zeitbomben, die zu jeder Zeit hochgehen können." (S. 25)

„Inseln der Isolation und der Kälte" können schon entstehen, wenn die Mutter beispielsweise für einige Zeit im Krankenhaus ist und zuhause alles weiter funktionieren muss, sich aber niemand um das Gefühl des Kindes kümmert. Wenn Erwachsene diesen Schmerz wie ein Tabu behandeln, kann das Kind nicht darüber sprechen.

Gelangt das Kind in Berührung mit dem Tod im näheren Umfeld, dann spürt es Kälte und Ausweglosigkeit. Das sind Erfahrungen, die ein Kind nicht aushalten kann. Es braucht liebevolle Zuwendung und Wärme! Mit Hilfe des Erwachsenen kann es sich in dieser traurigen Situation zurechtfinden. Er gibt ihm zu Verstehen: „Ich bin bei dir".

Als solcher zeigt sich Gott in der Geschichte vom brennenden Dornbusch, als er seinen Namen offenbart als derjenige, der mit dir geht, der bei dir ist. (2. Mose 3)

3.) Die Erwachsenen

Jede und jeder kann sich nun in den nächsten zehn Minuten allein oder zu zweit mit folgenden Fragen beschäftigen. Anschließend tauschen wir uns darüber aus:

> 1.) Wie wurde bei Ihnen zuhause mit der Trauer umgegangen, als Sie ein Kind waren? Überlegen Sie, in welchem Jahr Ihre Eltern geboren sind. Wurden Sie von Ihren Eltern hinsichtlich des Umgangs mit der Trauer geprägt?[16]

---

[16] Vgl. zu diesem Themenkomplex: Sabine Bode, Die vergessene Generation. Die Kriegskinder brechen ihr Schweigen, 5. Aufl., München 2006. Und: Sabine Bode, Kriegsenkel. Die Erben der vergessenen Generation, 5. Aufl., Stuttgart 2010.

2.) An welche Abschiede in Ihrer Kindheit können Sie sich erinnern?

3.) Wer hat Ihnen geholfen, wenn Sie traurig waren?

Wann und wie ist Ihr Kind zum ersten Mal mit dem Thema „Tod" in Berührung gekommen?

4.) Hat Ihr Kind schon einmal das Thema „Tod" angesprochen? Was hat es gesagt?

Anschließend findet ein Austausch im Plenum darüber statt.

Danach wird das Gespräch mit folgenden Ausführungen gebündelt: Der Erwachsene, der das Kind begleitet, ist wichtig. Er gibt ihm ein Echo und hilft ihm bei der Deutung der Welt. Welt- und Spracheroberung gelingen nur im Dialog mit einem anderen Menschen.

Das Kind sieht zum ersten Mal einen toten Vogel oder eine Fliege: Sie wollen erklären, was Tod ist, spüren aber selber gerade einen Kloß im Hals: „Ich möchte mein Kind so gern vor allem Unangenehmen bewahren. Es soll voller Zutrauen in diese Welt hineinwachsen und nicht gleich vom Tod hören", denken Sie vielleicht. Ein Unbehagen steigt gerade in Ihnen auf oder die Trauer kommt hoch, weil ein Nachbar oder ein Freund oder gar die eigenen Eltern gestorben sind. Es fällt Ihnen vielleicht schwer, darüber zu reden.

Das Kind ist unbefangen. Es weiß nichts vom Tod. Sie sind jetzt die erste Person, die ihm davon erzählt und durch die es eine Einstellung dazu bekommt. Es ist wichtig, selbst zu überlegen, welche Einstellung Sie zum Tod haben? Wir können den Kindern nichts vormachen. Sie spüren auch ohne Worte, was wir denken. Das Kind wollte vielleicht einfach nur wissen, ob der Vogel sich noch bewegt.

Klare Antworten geben und zugeben, wenn wir etwas nicht wissen, hilft den Kindern weiter. Wir können ihnen unsere Gefühle nicht verheimlichen.

Neueste Erkenntnisse aus den Neurowissenschaften zeigen, dass gerade in den ersten beiden Lebensjahren, dann wenn die Sprache noch gar nicht richtig ausgebildet ist, schon ein emotionales Verstehen der Welt beginnt. Das wird durch die Bezugsperson geprägt, die dem Kind die Welt deutet. Kinder können fühlen, was wir fühlen,[17] d.h. der eigene Umgang mit diesem Thema ist wichtiger als jede auswendig gelernte Antwort.

Erwachsenen fällt es nicht leicht, sich auf das kindliche Todesverständ-

---

[17] Vgl. hierzu Joachim Bauer, Warum ich fühle, was du fühlst. Intuitive Kommunikation und das Geheimnis der Spiegelneurone, 8. Aufl., München 2006.

nis einzustellen. Wir haben ein unterschiedliches Zeitempfinden. Das Kind weiß noch nicht, was Endlichkeit ist.

Abschließend lässt sich mit Gertrud Ennulat (S. 174) sagen: „Jede geglückte Auseinandersetzung mit dem Tod bewirkt eine Intensivierung des Lebens!"

4.) Ein Praxisbeispiel

Wie kann ein unter dreijähriges Kind begleitet werden, wenn der Großvater stirbt?

Wir beschreiben mit einfachen und klaren Worten, was passiert ist und was jetzt weiter im Verlauf der Beerdigung geschieht – aber immer nur so weit, wie wir die Fragen des Kindes spüren.

Es ist darauf zu achten, dass wir schlichte Worte wie „Opa ist tot", verwenden und keine Umschreibungen wie „er ist eingeschlafen", „wir haben ihn verloren", „er ist von uns gegangen". Dann mag das Kind vielleicht nicht mehr schlafen oder weggehen.

Mit Hilfe von Bilderbüchern, die wir gemeinsam mit ihm ansehen, kann ihm Zeit und Nähe gegeben werden, das Geschehene wahrzunehmen und sich auf die Beerdigung vorzubereiten.

Zunehmend wissen Erwachsene selbst nicht, wie eine Beerdigung abläuft und haben Ängste davor. Daher halten sie ihre Kinder lieber davon fern.

Die Kleinsten mögen oftmals noch nicht still sitzen. Für sie ist die Beerdigung zu lang.

Man könnte vorher mit ihnen zum Sarg in die Kirche gehen. Sie könnten dort ein gemaltes Bild oder eine Blume hinlegen. Es besteht zudem die Möglichkeit, vor der Beerdigung mit ihnen das offene Grab und später die Grabstelle anzusehen. Dies geschieht alles nur, wenn man spürt, dass das Kind es möchte. Ist man selbst dazu nicht in der Lage, wird eine andere Vertrauensperson gebeten, das Kind zu begleiten.

Trauern wir selber, weil ein Elternteil von uns verstorben ist, ist es schwierig, ständig für das Kind da zu sein. Es ist gut, eine Vertrauensperson zu finden, die sich um das Kind kümmert, wenn man selbst eine Auszeit benötigt. Wichtig dabei ist, dass das Kind die Nähe der Eltern spürt. Es darf sich nicht verstoßen vorkommen oder gar schuldig. Auf den Gedanken könnte es kommen, weil die Eltern sich nun so wenig um das Kind kümmern. Deswegen sollte dem Kind erklärt werden, dass es einem selbst gerade nicht gut geht und man traurig über den gerade erlittenen Verlust ist. Dann erfährt das Kind, dass niemand seinetwegen böse ist.

Wenn das Kind älter ist und man das Gefühl hat, dass es unbedingt zur Beerdigung mitgehen möchte, dann sollte jemand bei ihm sein, der sich unter Umständen auf die Wünsche des Kindes einstellen kann.

Zusammenfassung

Der Umgang mit Abschieden, Tod und Trauer ist ein sehr wichtiger Schritt in der Persönlichkeitsentwicklung eines Menschen. Wer die Realität des Todes verdrängt, verhindert eine gesunde Lebensreifung.

Wir sollten unbedingt bedenken, dass Kinder den Tod anders wahrnehmen als wir, vor allem die ganz Kleinen. Sie haben noch gar keine Einstellung zum Tod entwickeln können. Das geschieht erst durch das Erleben von Abschieden, von Tod und Trauer. Sie beobachten, wie die Erwachsenen damit umgehen. Es hängt vieles an unserer eigenen Haltung. Wollen wir, dass unsere Kinder uns nicht sehen, wenn wir traurig sind? Sollen sie annehmen, dass Tod nichts mit Traurigsein zu tun hat? Dann könnten sie später, wenn sie älter sind und einen Todesfall erleben, in eine Krise gestürzt werden. Sie haben nicht erlebt, dass Tod und Trauer zusammengehören, auch nicht, dass Erwachsene weinen. Was wir ihnen in den ersten Lebensjahren mitgeben, das prägt sie für ihr ganzes Leben. Bekommen sie aber schon von Anfang an mit, dass Tränen und Trauer zusammengehören, erscheint es ihnen auch später als „normal", wenn sie selber es so erleben. Traurigsein gehört zum Leben dazu. So hören wir es aus dem Munde älterer Menschen, wenn sie sagen: „Der Tod gehört zum Leben dazu."

Das kleine Kind nimmt den Tod ganz anders wahr als Erwachsene, weil es noch kein Zeitempfinden hat. Es kann sich nicht vorstellen, dass jemand nicht wiederkommt. Damit hängt die Frage zusammen: „Wo ist Opa?" Das Kind braucht einen Ort, an dem es sich den Großvater vorstellen kann. Es sucht sich in seiner Fantasie einen schönen Ort für seinen Großvater. Stehen wir dem nicht im Wege. Wichtig daran ist, dass das Kind seine Gefühle sortiert und mit der Situation zurechtkommt. Uns als Erwachsene verunsichert diese Frage oftmals und wir meinen, eine Antwort geben zu müssen. Dabei sollten wir bedenken, dass das Kind eine andere Vorstellung hat als wir. Wir können ihm unsere nicht aufdrängen, sondern es spüren lassen, dass wir Gott auch jetzt vertrauen und uns im Leben und im Tod bei ihm geborgen wissen. Wir können

Formulierungen verwenden, die unsere Einstellung wiedergeben und dem Kind Spielraum für seine Fantasie lässt. Wir können sagen, „Opa ist bei Gott". „Gott hat sich um Opa gekümmert, als er lebte, und das tut er auch, wenn er tot ist." Wir sollten authentisch sein, damit wir später, wenn das Kind älter wird, nicht unglaubwürdig werden. Das Kind kann spüren, ob wir in einer lebendigen Beziehung zu Gott leben. Wir können aber auch unsere Verunsicherung zugeben und uns gemeinsam mit dem Kind auf die Suche nach einer „Antwort" begeben.

Sind wir authentisch, dann werden es auch unsere Kinder sein. Sie lernen die dunklen und die hellen Seiten des Lebens kennen und werden befähigt, damit umzugehen.

5. Gemeinsamer Abschluss des Abends:
EG 533 lesen: „Du kannst nicht tiefer fallen"
Vaterunser und Segen
Lied singen: EG 65 „Von guten Mächten wunderbar geborgen"

Anhang

Lieder

- Begrüßungslied: Der Michael ist da
- Einfach spitze
- Heut ist ein Tag, an dem ich singen kann
- Gott, Du bist mein Zelt
- Gottes Liebe ist so wunderbar
- Du hast uns deine Welt geschenkt
- Vater Abraham hat viele Kinder
- Wer Gottes Wort hört
- Getragen
- Kindermutmachlied
- Ja, Gott hat alle Kinder lieb
- Ostertanzlied: „Ich tanze und ich lache heut am Ostertag"
- Ich freue mich und springe
- Ostern ist das schönste Fest im Jahr
- Ohne Wasser können wir nicht leben
- Er hält die ganze Welt in seiner Hand
- Wachse, kleiner Baum
- Martinus Luther war ein Christ
- Ich trage einen Namen
- Von oben, von unten
- Seht ihr unsern Stern dort stehen
- Mein Gott ist so groß, so stark und so mächtig
- Gott, dein guter Segen
- Der Herr ist mein Hirte
- Du bist da, wo Menschen leben
- Seht den Regenbogen schimmern

Begrüßungslied: Der Michael ist da

Der Mi-cha-el ist da, der Mi-cha-el ist da, la-
Der Ke-no, der ist da, ...
Die An-na, die ist da, ...

la-la-la-la-la-la-la la - la-la-la-la-la-la-la, der

Mi-cha-el ist da.

Nach der Melodie von: „Ein Schneider fing 'ne Maus"

Einfach spitze

1. Ein - fach spit - ze, dass du da bist, ein - fach spit - ze, dass du da bist. Ein - fach spit - ze, komm, wir lo - ben Gott den Herrn! Ein - fach spit - ze, dass du da bist, ein - fach spit - ze, dass du da bist. Ein - fach spit - ze, komm, wir lo - ben Gott den Herrn!

2. Einfach spitze, lass uns stampfen...

3. Einfach spitze, lass uns klatschen...

4. Einfach spitze, lass uns hüpfen...

5. Einfach spitze, lass uns tanzen...

Text und Musik: Daniel Kallauch. © cap-music, 72221 Haiterbach-Beihingen

Heut ist ein Tag, an dem ich singen kann

1. Heut ist ein Tag, an dem ich sin-gen kann.
Heut ist ein Tag, an dem ich sin-gen kann.
Ist das nicht ein Tag, an dem ich froh sein kann?
Ja, das ist ein Tag, an dem ich froh sein kann.

Text: Lore Kleikamp. Musik: Detlev Jöcker. Aus: Heut ist ein Tag, an dem ich singen kann.
© Menschenkinder Verlag u. Vertrieb GmbH, Münster

Gott, du bist mein Zelt

1. Gott, du bist mein Zelt. Auf al - len mei - nen We - gen bist du mir Raum, der mich be - schützt. Hab Dank für dei - nen Se - gen.

2.   Gott, du bist mein Licht.
Auf allen meinen Wegen
erwärmst du mich und leuchtest mir.
Hab Dank für deinen Segen.

3.   Gott, du bist mein Brot.
Auf allen meinen Wegen
gibst du mir Kraft und stärkst mich neu.
Hab Dank für deinen Segen.

4.   Gott, du bist der Weg
von all den vielen Wegen.
Führst mich zum Ziel auch durch die Nacht.
Hab Dank für deinen Segen.

Text und Musik: Dirk Schliephake
© beim Urheber

Gottes Liebe ist so wunderbar

1. Got - tes Lie - be ist so wun - der - bar,
Got - tes Lie - be ist so wun - der - bar,
Got - tes Lie - be ist so wun - der - bar,
so wun - der - bar groß. *Kehrvers:* So hoch,
was kann hö - her sein? So tief,
was kann tie - fer sein? So weit,
was kann wei - ter sein? So wun - der - bar groß!

2.   Gottes Güte ist so wunderbar...

3.   Gottes Gnade ist so wunderbar...

4.   Gottes Treue ist so wunderbar...

5.   Gottes Hilfe ist so wunderbar...

Text: mündlich überliefert. Musik: Spiritual

Du hast uns deine Welt geschenkt

1. Du hast uns dei - ne Welt ge - schenkt: Den Him - mel, die Er - de. Du hast uns dei - ne Welt ge - schenkt. Herr, wir dan - ken dir.

Text: Rolf Krenzer. Musik: Detlev Jöcker.
Aus: Heut ist ein Tag, an dem ich singen kann.
© Menschenkinder Verlag u. Vertrieb GmbH, Münster

Vater Abraham hat viele Kinder

Va - ter A - bra - ham hat vie - le Kin - der, vie - le Kin - der hat Va - ter A - bra - ham, ich bin eins von Ih - nen und eins bist du, drum prei - sen wir den Herrn.

Mündlich überliefert

Wer Gottes Wort hört

Wer Got-tes Wort hört und lebt da-nach, wird
wach-sen wie ein Baum. Wer Baum. Ge-
bor-gen-heit schenkt sein Blät-ter-dach und
stand-haft trotzt er je-dem Sturm, sei-ne
Nah-rung er aus tie-fen Wur-zeln
zieht. Ge-zieht.

Text: Ulrich Walter (2004). Musik: traditionell
© beim Autor

Getragen

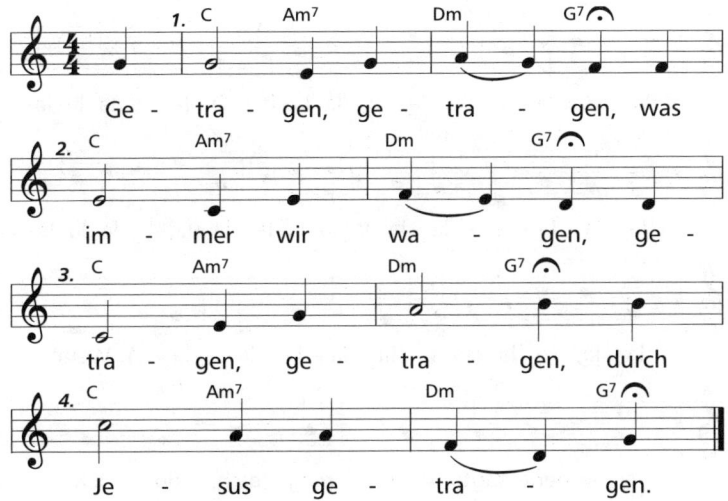

1. Ge - tra - gen, ge - tra - gen, was

2. im - mer wir wa - gen, ge -

3. tra - gen, ge - tra - gen, durch

4. Je - sus ge - tra - gen.

Text: W. Wallrich. Musik: Detlev Jöcker.
Aus: Das Liederbuch zum Umhängen 1
© Menschenkinder Verlag u. Vertrieb GmbH, Münster

Kindermutmachlied

Kehrvers: La-la-la - la-la-la, la-la-la - la-la-la, la-la-la-la-la-la - la-la-la, la-la-la - la-la-la, la-la-la-la-la, la-la-la - la-la-la-la-la. 1. Wenn ei - ner sagt: "Ich mag dich, du; ich find dich ehr - lich gut!", dann krieg ich ei - ne Gän - se - haut und auch ein bis - chen Mut.

2.   Wenn einer sagt: "Ich brauch dich, du;
             ich schaff es nicht allein.",
             dann kribbelt es in meinem Bauch,
             ich fühl mich nicht mehr klein.

3.   Wenn einer sagt: "Komm, geh mit mir;
             zusammen sind wir was!",
             dann werd ich rot, weil ich mich freu,
             dann macht das Leben Spaß.

Text und Melodie: Andreas Ebert
© 1979 SCM Hänssler, 71087 Holzgerlingen

Ja, Gott hat alle Kinder lieb

Kehrvers: Ja, Gott hat al - le Kin - der lieb, je - des
Kind in je - dem Land. Er kennt
al - le uns - re Na - men, al - le uns - re Na - men,
hält uns al - le, al - le in der Hand.
1. Ich bin ein klei - ner Es - ki - mo, aus
Schnee bau ich mein Haus. Und kommt kling-klang ein
Schlit - ten ran, steck ich die Na - se raus.

Ref.:   Ja, Gott hat alle Kinder lieb, jedes Kind in jedem Land.
Er kennt alle unsre Namen, alle unsre Namen, hält uns alle
in der Hand.

2.   Ich habe einen langen Zopf, trag einen spitzen Hut.
Und meine Haut, die ist ganz gelb, das steht mitr aber gut.
Ref.:   Ja, Gott...

Strophen 3 bis 5: nächste Seite

3.	In meinem bunten Federschmuck schleich ich mich durch den Wald.
	Ganz leis' auf meinen Mokassins, wenn's knistert mach ich halt.
Ref.:	Ja, Gott ...

4.	Europa heißt der Teil der Welt, wo ich zu Hause bin.
	Und mein Gesicht, das ist ganz weiß, die Nase mitten drin.
Ref.:	Ja, Gott ...

5.	Und ist mal einer sehr in Not, in Angst und in Gefahr,
	dann helfen wir ihm allesamt, das ist doch sonnenklar.
Ref.:	Ja, Gott...

Text und Musik: Margret Birkenfeld
© 1975 Gerth Medien Musikverlag, Asslar

Ostertanzlied: „Ich tanze und ich lache heut am Ostertag"

Text: Dirk Schliepkake. Melodie: trad.
KIMMIK 2008-1

Ich freue mich und springe

Kehrvers: Ich freu - e mich und sprin - ge und sin - ge: Gott sei Dank! Ich freu - e mich und sprin - ge und sing' den Tag ent - lang!

1. Ich ha - be Hän - de, ich bin ge - sund,
   kann sie ge - brau - chen zu vie - ler - lei,
   kann da - mit spie - len so man - che Stund,
   nach al - lem grei - fen, was es auch sei.

2. Ich habe Füße, ich bin gesund,
   die mir gehorchen zu jeder Stund,
   und die mich tragen, wohin ich mag,
   ich lauf und springe den langen Tag.

3. Ich denk an andre, die krank, in Not,
   wie kann ich helfen, zeigs, lieber Gott,
   lenk Händ und Füße, lenk Herz und Sinn,
   dass ich den andern ein Helfer bin.

4. Du kennst mit Namen uns alle hier,
   denn durch die Taufe gehörn wir dir.
   Du kennst mit Namen uns alle hier,
   denn durch die Taufe gehörn wir dir.

5. Du gabst uns Eltern, die uns verstehn,
   die zu uns halten und mit uns gehn.
   Du gabst uns Eltern, die uns verstehn,
   die zu uns halten und mit uns gehn.

Ostern ist das schönste Fest im Jahr

Os-tern, Os-tern ist das schöns-te Fest im Jahr!

Os-tern, Os-tern ist das schöns-te Fest im Jahr, weil

Je - sus auf - er - stan - den war.

Text und Melodie: Keno Grundmann.

Seite links:
Text Strophen 1 bis 3 und Musik: Wolfgang Longhardt 1971. Text Strophen 4 und 5:
Ulla Petersen. © Rechte beim Urheber
Quelle: „Der Kindergottesdienstkalender" Nr. 2 / 1971, Verlag Ernst Kaufmann, Lahr

Ohne Wasser können wir nicht leben

1. Oh - ne Was - ser kön - nen wir nicht le - ben,
Frucht und Ern - te kann es dann nicht ge - ben!
Kehrvers: Ja, Gott schenkt uns Was - ser hier auf
Er - den, da - rum soll dies
un - ser Dank - lied wer - den.

2. Brunnen fließen und die Quellen springen,
Bäume wachsen, Felder Früchte bringen.
Ja, Gott schenkt uns Wasser...

3. In der Taufe schafft Gott neues Leben,
schenkt sich selbst, mehr kann er uns nicht geben.
Ja, Gott schenkt uns Wasser...

Text und Melodie: Wolfgang Longhardt.
Aus: Heissa, wir dürfen leben (Strophe 5: Hartmut Clasen, 1991)
© *ABAKUS Musik Barbara Fietz, 35753 Greifenstein*

Er hält die ganze Welt in seiner Hand

Musik: Spiritual. Textfassung: nach Hall. 72

Wachse, kleiner Baum

In ei - nem Baum, ihr glaubt es kaum, da
woh - nen vie - le Tie - re!
1. Klei - ne Schne - cken, gro - ße Schne - cken,
Vö - gel, die uns mor - gens we - cken,
al - le woh-nen hier, al - le woh-nen hier.

Text und Musik: Wolfgang Longhardt.
© Rechte beim Urheber
Quelle: W. Longardt, „Spielbuch Religion" Band. 2, E. Kaufmann-Verlag, 1981

Martinus Luther war ein Christ

1. Mar - ti - nus Lu - ther war ein Christ, ein glau - bens - star - ker Mann. Weil heu - te sein Ge - burts - tag ist, zünd ich mein Licht - lein an.

2.   Und sing ein Lied nach altem Brauch
          aus voller Brust heraus.
          So singend zog Martinus auch
          als Kind von Haus zu Haus.

3.   Und als geworden er ein Mann,
          war er ein helles Licht.
          Dies deutet auch mein Lichtlein an,
          weil es die Nacht durchbricht.

Georg van Jindelt, 1893

Ich trage einen Namen

1. Ich tra - ge ei - nen Na - men, bei dem der Herr mich nennt. Du rufst mich in der Tau - fe, da - mit auch ihr mich kennt, du rufst mich in der Tau - fe, da - mit auch ihr mich kennt.

2. In christlicher Gemeinde
   mich aufnehmt, wie ich bin,
   weil Gott mich angenommen.
   Gott ruft mich selbst hierhin.

3. So ist es durch die Taufe
   mit dir und mir geschehn:
   Ich kann mit Christus leben
   und mit ihm auferstehn.

4. Und weil dich meine Schwäche
   nicht stört und du mich liebst,
   nehm' ich auch meinen Nächsten
   so an, wie du ihn gibst.

5. So trag' ich meinen Namen,
   bei dem du, Herr, mich nennst,
   und weiß, dass du mich immer
   mit meinem Namen kennst.

Text: Rolf Krenzer.
Musik: Peter Janssens.
Aus: Ich schenk dir einen
Sonnenstrahl, 1985
© Alle Rechte im Peter
Janssens Musik Verlag,
Telgte-Westfalen

Von oben, von unten

1.-4. Von o - ben, von un - ten, von hin - ten und von vorn ist Gott bei mir, ist Gott bei mir. Er sieht mich, er hört mich. Er

1. hält mich im - mer fest.
2. lässt mich nie al - lein.
3. passt gut auf mich auf.
4. nimmt mich an die Hand.

1.-4. Er ist ganz nah bei mir.

Text: Marion Schäl. Melodie: Gilbrecht Schäl.
© 2000 Gerth Medien Musikverlag, Asslar

Seht ihr unsern Stern dort stehen

1. Seht ihr un - sern Stern dort ste - hen,
Hoff - nung auf ein neu - es Le - ben,

hel - les Licht in dunk - ler Nacht!
hat er in die Welt ge - bracht.

Kehrvers: Glo - - - - - -

- ri - a in ex - cel - sis De - o! De - o!

2. Menschen ohne Haus und Habe
atmen plötzlich wieder auf,
denn ein Kind ist uns geboren,
Welten ändern ihren Lauf. Gloria...

3. Weil wir neues Leben suchen,
darum folgen wir dem Stern,
sammeln Gaben, singen Lieder
für die Menschen, für den Herrn. Gloria...

Text: Diethard Zils. Melodie: aus Frankreich
© by Gustav Bosse Verlag, Kassel

Mein Gott ist so groß, so stark und so mächtig

Text und Melodie: überliefert
Aus: Alles jubelt, alles singt. Das große Bilder-Liederbuch für Kinder, Hänssler SCM

Gott, dein guter Segen

1. Gott, dein gu - ter Se - gen ist wie ein gro - ßes
Zelt, hoch und weit, fest ge - spannt
ü - ber uns - re Welt. *Kehrvers:* Gu - ter Gott, ich bit - te
dich: Schüt - ze und be - wah - re mich.
Lass mich un - ter dei - nem Se - gen
le - ben und ihn wei - ter - ge - ben.
Blei - be bei uns al - le Zeit,
seg - ne uns, seg - ne uns, denn der Weg ist
weit, denn der Weg ist weit.

2. Gott, dein guter Segen ist wie ein helles Licht,
leuchtet weit, alle Zeit in der Finsternis.
Guter Gott, ich bitte dich: Leuchte und erhelle mich.
Lass mich unter deinem Segen
leben und ihn weitergeben.
Bleibe bei uns alle Zeit,
segne uns, segne uns, denn der Weg ist weit.

3. Gott, dein guter Segen ist wie des Freundes Hand,
die mich hält, die mich führt in ein weites Land.
Guter Gott, ich bitte dich: Führe und begleite mich.
Lass mich unter deinem Segen
leben und ihn weitergeben.
Bleibe bei uns alle Zeit,
segne uns, segne uns, denn der Weg ist weit.

4. Gott, dein guter Segen ist wie der sanfte Wind,
der mich hebt, der mich trägt wie ein kleines Kind.
Guter Gott, ich bitte dich: Stärke und erquicke mich.
Lass mich unter deinem Segen
leben und ihn weitergeben.
Bleibe bei uns alle Zeit,
segne uns, segne uns, denn der Weg ist weit.

5. Gott, dein guter Segen ist wie ein weiches Nest.
Danke, Gott, weil du mich heute leben lässt.
Guter Gott, ich danke dir. Deinen Segen schenkst du mir.
Und ich kann in deinem Segen
leben und ihn weitergeben.
Du bleibst bei uns alle Zeit,
segne uns, segne uns, denn der Weg ist weit.

Text: Reinhard Bäcker. Musik: Detlev Jöcker.
Aus: Heut ist ein Tag, an dem ich singen kann.
© Menschenkinder Verlag u. Vertrieb GmbH, Münster

Der Herr ist mein Hirte

Text: Ps 23,1-6. Melodie: Marieluise Geiger und Irmgard Kindt-Siegerwald.
Klaviersatz: Klaus Krämer.
© J. F. Steinkopf Verlag, Kiel

Du bist da, wo Menschen leben

1. Du bist da, wo Men - schen le - ben,
2. Du bist da, wo Men - schen ho - fen,
3. Du bist da, wo Men - schen lie - ben,
4. Hal - le - lu - ja, hal - le - lu - ja,

du bist da, wo Le - ben ist;
du bist da, wo Hoff - nung ist;
du bist da, wo Lie - be ist;
hal - le - lu - ja, hal - le-lu - ja,

du bist da, wo Men - schen le - ben,
du bist da, wo Men - schen hof - fen,
du bist da, wo Men - schen lie - ben,
hal - le - lu - ja, hal - le - lu - ja,

du bist da, wo Le - ben ist.
du bist da, wo Hoff - nung ist.
du bist da, wo Lie - be ist.
hal - le - lu - ja, hal - le-lu - ja.

Das Kindergesangbuch Nr. 147, S. 258.
Text und Musik: Detlev Jöcker. Aus: das Liederbuch zum Umhängen 1.
© Menschenkinder Verlag u. Vertrieb GmbH, Münster

Seht den Regenbogen schimmern

Kehrvers: Seht den Re-gen-bo-gen schim-mern!
Al-le Far-ben kön-nen uns er-in-nern, sie erzäh-len uns vom Va-ter, der uns liebt. Sie erzäh-len uns vom Va-ter, der uns liebt.

1. Gelb ist die Far-be der Son-ne, die
Le-ben und Wär-me uns gibt. Sie
leuch-tet in fin-ste-re E-cken, er-
hellt uns-re Nacht, schenkt uns Licht.

2. Rot ist die Farbe der Liebe,
  die man im Herzen verspürt.
  Sie lässt uns von Wunden genesen,
  wenn Gott unser Leben berührt.

3. Blau ist die Farbe des Himmels,
    der Weite, der Wolken, des Meeres.
    Sie zeigt uns wie endlos die Treue
    und Gnade Gottes, die uns widerfährt.

4. Grün ist die Farbe der Hoffnung,
    die steinharte Erde durchbricht.
    Und dann mit zartgrünen Blättchen
    der Sonne entgegen sich streckt.

5. Und alle Farben zusammen
    zeigen, dass Gott uns so liebt.
    Er hat uns alle geschaffen,
    ist bei uns, was auch immer geschieht.

Melodie: Hannegreth Grundmann

Literatur

- Arnold, Jochen, Theologie des Gottesdienstes. Eine Verhältnisbestimmung von Liturgie und Dogmatik, 2. überarb. Aufl., Hannover 2008.

- Arnold, Jochen/Tergau-Harms, Christine, Kleiner Gottesdienst – Weiter Raum, Hannover 2009 (ggg 11).

- Bauer, Joachim, Das Gedächtnis des Körpers. Wie Beziehungen und Lebensstile unsere Gene steuern, 4. Aufl., München 2005.

- Ders., Warum ich fühle, was du fühlst. Intuitive Kommunikation und das Geheimnis der Spiegelneurone, 8. Aufl., München 2006.

- Bayer, Oswald, Theologie, HST 1, Gütersloh 1994.

- Biel, Peter, Kinder erspielen Wahrheit, ZPT 1/05, 54-64.

- Bode, Sabine, Die vergessene Generation. Die Kriegskinder brechen ihr Schweigen, 5. Aufl., München 2006.

- Dies., Kriegsenkel. Die Erben der vergessenen Generation, 5. Aufl., Stuttgart 2010.

- Bucher, Anton A., Kindertheologie: Provokation? Romantizismus? Neues Paradigma?, JaBuKi 1 (2002), 9-27.

- Ders., „Jeder Mensch ist Theologe" – also auch Kinder?, ZPT 1/05, S. 3ff.

- Büttner, Gerhard, „Enthemmte Kommunikation" als Voraussetzung für Glauben-Lernen, in: Isolde Karle (Hg.), Kirchenreform. Interdisziplinäre Perspektiven, Arbeiten zur Praktischen Theologie Bd. 41, Leipzig 2009, 237-252.

- Domsgen, Michael, Familie und Religion. Grundlagen einer religionspädagogischen Theorie der Familie, Leipzig 2004.

- Ennulat, Gertrud, Ein Leitfaden für Erzieherinnen, Freiburg i. Br. 1998.

- Franz, Margit, Tabuthema Trauerarbeit. Kinder begleiten bei Abschied, Verlust und Tod, 3. Aufl., München 2008.

- Grundmann, Hannegreth, „Kindertheologie als Impuls für den Gemeindeaufbau" . Ein Plädoyer für den Krabbelgottesdienst, JaBuKi 9, Stuttgart 2010, 114-121.

- Härle, Wilfried, Augenstein, Jörg, Rolf, Sibylle, Siebert, Anja, Wachsen gegen den Trend. Analysen von Gemeinden, mit denen es aufwärtsgeht, Leipzig 2008.

- Harz, Frieder, Kinder und Religion. Was Erwachsene wissen sollten, Seelze-Velber 2006.

- Ders., Vertrauen von Anfang an. Elternbriefe zur religiösen Erziehung, www.vertrauen-von-anfang-an.de, oder als Broschüre: Frieder Harz, Vertrauen von Anfang an. Informationen und Anregungen zur Arbeit mit den Elternbriefen zur religiösen Erziehung, Nürnberg 2008.

- Hüther, Gerald, Bedienungsanleitung für ein menschliches Gehirn, Göttingen 2005.

- Kaplan, Louise J., Die zweite Geburt. Die ersten Lebensjahre des Kindes. Mit einem Nachwort von Margaret S. Mahler, 11. Aufl., München 2001.

- Kasper, W., Biesinger, A., Kothgasser, A. (Hg.), Weil Sakramente Zukunft haben. Neue Wege der Initiation in Gemeinden, 2008.

- Käßmann, Margot, Bericht der Landesbischöfin Dr. Margot Käßmann am 16. Juni 2006 vor der Landessynode.

- „Kinder haben Rechte!" Arbeitshilfe zum Weltkindertag 20.9.2007, Diakonie Berlin.

- Kirchenamt der Evangelischen Kirche in Deutschland (Hg.), Kirche der Freiheit. Perspektiven für die Evangelische Kirche im 21. Jahrhundert. Ein Impulspapier des Rates der EKD, Hannover 2006.

- Lübking, Hans-Martin (Hg.), Taufverantwortung wahrnehmen. Mit Kindern neu anfangen, Bielefeld 2009.

- Nipkow, Karl Ernst, Bildung als Lebensbegleitung und Erneuerung. Kirchliche Bildungsverantwortung in Gemeinde, Schule und Gesellschaft, Gütersloh 1990.

- Ders., Erwachsenwerden ohne Gott, 5. Aufl., München 1992.

- Ders., Das Ja zum Kind – Mandat und Merkmale christlicher Erziehung in einer nach Orientierung suchenden Gesellschaft. Öffentlicher Vortrag am 6. Oktober 2005 anlässlich der Tagung der Luther-Akademie vom 5.-8. Oktober 2005 in Sondershausen (Trinitatiskirche), in: Friedrich-Otto Scharbau (Hg.), Das Ja zum Kind – Mandat und Verantwortung für die christliche Erziehung der Kinder, LASR 3, 2006, 75-94.

- Ders., Theologie des Kindes und Kindertheologie, ZThK 103 (2006), 422-442.

- Ders., Kinder und Transzendenz, Pastoraltheologische Informationen 1/2007. Sonderheft zum 80. Geburtstag von Dr. Dr. Dietrich Rössler, Tübingen.

- Ders., Mit Kindern neu anfangen. Mehrperspektivische Befunde, Aufgabendimensionen, praktische Anstöße, in: Hans-Martin Lübking (Hrsg.), Taufverantwortung wahrnehmen. Mit Kindern neu anfangen, Bielefeld 2009, 19-37.

- Ders., Gott in Bedrängnis? Zur Zukunftsfähigkeit von Religionsunterricht, Schule und Kirche, Pädagogik und Religionspädagogik zum neuen Jahrhundert, Bd. 3, Gütersloh 2010.

- Pestalozzi, Johann Heinrich, Wie Gertrud ihre Kinder lehrt. 1801.

- Schleiermacher, Friedrich, Über die Religion, Reden an die Gebildeten unter ihren Verächtern, 1799, Nachdruck, Stuttgart 2007.

- Schweitzer, Friedrich, Das Recht des Kindes auf Religion. Ermutigungen für Eltern und Erzieher, Gütersloh 2000.

- Ders., Was ist und wozu Kindertheologie? JaBuKi 2, 2003, 9-18.

- Ders. (Hg.), Konfirmandenarbeit erforschen. Ziele, Erfahrungen, Perspektiven, Gütersloh 2009.

- Steffensky, Fulbert, Gott im Kinderzimmer. Über den Versuch die Religion weiterzugeben, NDR 3 „Glaubenssachen", 1. September 1996, 8.40 Uhr. Abgedruckt in: Ders., Religion im Kinderzimmer, in: Der alltägliche Charme des Glaubens, 3. Aufl. Würzburg 2003, 70-77.

- Synode der Evangelischen Kirche in Deutschland, Aufwachsen in schwieriger Zeit. Kinder in Gemeinde und Gesellschaft, Gütersloh 1995.

- Vereinigte Evangelisch-Lutherische Kirche Deutschlands, Zur Entwicklung von Kirchenmitgliedschaft. Aspekte einer missionarischen Doppelstrategie, Texte aus der VELKD 21/1983.

Autoren

- PD Dr. Jochen Arnold ist Direktor des Evangelischen Zentrums für Gottesdienst und Kirchenmusik im Michaeliskloster Hildesheim und Privatdozent an der Universität Leipzig.

- Pastorin Dr. theol. des. Hannegreth Grundmann hatte von September 2007 bis August 2010 die Projektpfarrstelle „Kindertheologie als Impuls für den Gemeindeaufbau" in den beiden Kirchenkreisen Leer und Rhauderfehn inne und ist seit Juni 2010 Presse- und Öffentlichkeitsbeauftragte des Evangelisch-lutherischen Sprengels Ostfriesland.

- Dr. Friedhelm Kraft ist seit 2004 Rektor des Religionspädagogischen Institutes in Loccum. Davor war er Professor an der Evangelischen Fachhochschule in Berlin mit dem Schwerpunkt Religionspädagogik.

- Dr. Dr. h.c. Karl Ernst Nipkow war von 1968 bis 1994 Professor für Praktische Theologie an der Universität in Tübingen mit dem Schwerpunkt Religionspädagogik.

- Pastor Dirk Schliephake ist als Beauftragter der Evangelisch-lutherischen Landeskirche Hannovers für den Kindergottesdienst Leiter des Arbeitsbereiches Kindergottesdienst im Michaeliskloster Hildesheim.

- Künstlerische Gestaltung der Signets:
  Birte Wieda, selbständige Goldschmiedin in Keitum auf Sylt. Veröffentlichungen und Austellungen zu biblischen Themen. „Das Kreuz mit dem Kreuz – Variationen eines Symbols." Entwurf der Glaswand zum Thema „Schöpfung" in der St. Nicolai Kirche in Westerland auf Sylt.